Chinese Adolescent Drug Abuse
and Family Therapy

社工理论与实践

主编 古学斌 潘毅

中国青少年吸毒
与家庭治疗

沈文伟 ◎著

社会科学文献出版社
SOCIAL SCIENCES ACADEMIC PRESS (CHINA)

序

　　笔者于 2000 年开始接触吸毒的青少年和他们的家庭。之后，我对戒毒工作就"上瘾"了。这"瘾"和个中的人与事相关。

　　过去的 11 年，通过家庭治疗、教学、训练、实务和研究工作，我认识了许多吸毒青少年和他们的家人，也有幸接触了一群前线社会工作人员、心理辅导人员、司法及监狱工作人员。另外，我也有机会和各地政府机关工作人员、学者就青少年吸毒、犯罪问题进行切磋。在此过程中，我学习良多，也深深体会到帮助青少年戒毒的艰难，虽然任重道远，但既然开始了，就放不下了。

　　当青少年朋友绘声绘色地形容毒品的威力和吸引力时，我一般会静静地聆听。久而久之，所见所闻委实让我感觉到毒品的可怕，从来不敢接近它。看到毒品对大好青年的糟蹋，我更深感痛心。经过这些年的接触，我发现青少年吸毒的原因很复杂，绝对不能一言以蔽之。青少年吸毒往往和他们成长过程的各种挣扎、挑战有关系，他们在学业、工作、情感和家庭等方面都有些痛苦的经历和苦衷，但是又不懂得如何好好处理。彷徨之际，阴差阳错，毒品成了他们的一个错误选择，随之将错就错，甚至一错再错。一般而言，经过一番努力，大部分青少年都能改过自新，并从中吸取许多宝贵的经验，茁壮成长；也有少数人不能战胜毒品，最终沉沦了。青少年吸毒，除了严重伤害他们的身、心、灵外，对家人的伤害也是三言两语不能道尽的。

可怜天下父母心。孩子吸毒，父母往往自责，不知所措。许多父母会尽一切努力去帮助孩子戒毒，但是却往往不得其法；许多父母嘴硬心软，和孩子关系更加僵化，结果越帮越忙；更有许多父母不离不弃，期待自己的孩子有回头的一天。我在这些父母的身上看到了为人父母的艰辛。

这些年，我很庆幸有机会能和美国佛罗里达州多维度家庭治疗鼻祖 Howard Liddle 等人有密切的交流，和中国内地的矫治、司法人员结识，亦有机会和新加坡、中国香港负责戒毒服务的专员同行。我敬佩他们为吸毒青少年服务的动力和热情。与吸毒青少年有关的工作有许多挑战，因此他们一方面要给予吸毒青少年支持，另一方面又要提出纪律要求，软硬兼施，工作人员常常如履薄冰，费力不讨好。记得 2002 年春节之际，我和香港某青少年戒毒中心工作人员正在吃年夜饭，一通紧急电话后，我和其中一名社工飞奔医院看望一名复吸出事的青少年。当我们抵达医院时，那个少年因为吸毒过量已经去世了。到现在，少年的母亲在医院撕心裂肺地痛哭的揪心情景，仍然历历在目。

本书的命名一方面反映青少年吸毒给家庭造成的巨大危害；另一方面也意味着我对家庭的信心和憧憬。在和许多吸毒青少年家庭的互动中，我见证了家庭成员为青少年戒毒的全力以赴，家庭的转变，能够成功帮助吸毒青少年脱离毒海。

本书是我过去几年工作经验的积累，是刊载在国际学术刊物上的文章的集合体。在此感谢各个刊物允许我翻译、整理成书。没有青少年和他们家人与我分享相关案例、没有前线社工和戒毒专家的指导，就没有本书。这本书包含了他们许多的挣扎、智慧。谨此致以谢意。

目 录

第一章　中国青少年吸毒始末

贩毒和吸毒、未成年人犯罪及环境污染在现代社会已经被并列为世界三大公害（胡剑、景海俊，2010；王启江、李锡海，2010）。全世界已经有 10% 的人口卷入了毒品的生产，且正在以每年 3%～4% 的速度增长。目前至少有 1.4 亿人服用大麻，1300 万人服用可卡因，860 万人服用海洛因。全世界每年因吸食毒品而死亡的人数高达 10 万人，因此而丧失劳动能力的人每年约有 1000 万人（杨莲、杨贵，2010）。目前，青少年吸毒已经成为一个触目惊心的全球性问题，大量的数据显示，青少年已经是吸毒的主体，也是贩毒集团的主要引诱对象（李云昭，2003；刘少蕾，1995）。

随着中国的对外开放，国际贩毒集团与国内贩毒势力相互勾结，将边境、沿海一带作为其过境贩毒的主要渠道，大肆从事毒品贩运活动，并逐渐向内陆腹地推进，青少年吸毒现在正逐步蔓延渗入到内陆，特别是贵州、四川、陕西、甘肃、内蒙古等不发达地区（刘成根等，2000；刘少蕾，1995；马红平，2010）。1988 年，中国首次公布全国登记在册的吸毒者为 5 万人，1991 年为 14.8 万人，1997 年为 54 万人，2000 年为 86 万人，2004 年则达到 114.04 万人（魏平雄、赵宝成、王顺安，2008）。截至 2009 年底，国家禁毒委员会办公室发布的最新数据是全国现有登记在册吸毒人员 1335920 人，比 2008 年底增加 209158 人，其中男性占 84.6%，女性占 15.4%。从年龄情况看，35 岁以下人员占 58.1%，与往年相比继续呈下降趋势。按照一个显性吸毒者背后有 4~7 个隐性吸毒者来算，中国吸毒人口在 600 万以上。这个数字是相当恐怖的，也可以得出禁毒工作面临着严峻挑战的结论（胡剑、景海俊，2010）。尤其值得注意的是，吸毒已经成为中国患艾滋病和青少年犯罪的一大诱因（廖龙辉，2001）。

一 中国青少年吸毒状况

目前，虽然传统毒品在中国蔓延的趋势得到遏制，但新型毒品快速增长泛滥的趋势日益明显（林少真、仇立平，2009；夏国美，2007），"传统毒品难戒"和"新型毒品难防"成为摆在中国禁毒工作面前的两道难题（牛何兰、郭维丽，2010）。

其实，新型毒品并不新。早在 1919 年，日本的药理学家就合成了后来被称为"冰毒"的甲基苯丙胺，并在"二战"期间作为抗疲劳剂应用于军队中。"二战"后,这种药品被当作一种兴奋剂,出现在东南亚和欧美等一些国家的夜总会、酒吧、迪厅和舞厅中,使冰毒在世界上被滥用与得以流行(夏国美,2007)。新型毒品主要通过化学合成,因为其滥用多发生在娱乐场所,所以又被称为"俱乐部毒品"、"休闲毒品"或"假日毒品"。根据新型毒品的毒理学性质,可以将其分为以下四类(刘玉梅,2009)。

(1)冰毒,即甲基苯丙胺,外观为纯白结晶体,吸食后对人的中枢神经系统产生极强的刺激作用,能大量消耗人的体力和降低免疫功能,严重损害心脏、大脑组织,甚至导致死亡,吸食成瘾者还会出现精神障碍,表现出妄想和好斗等问题;

(2)摇头丸,属于具有明显致幻作用的苯丙胺类中枢兴奋剂。由于吸毒者服用后可出现长时间难以控制随音乐剧烈摆动头部的现象,故称为"摇头丸"。其外观多呈片剂,形状多种多样,五颜六色,用药者常表现为认知混乱、行为失控,其常常引发集体淫乱、自伤与伤人,并可诱发精神分裂症及急性心脑疾病;

(3)K粉,学名氯胺酮,属于静脉全麻药,临床上用作手术麻醉剂或麻醉诱导剂,具有一定精神依赖性潜力。K

粉外观上是白色结晶性粉末，无臭，易溶于水。滥用氯胺酮会导致十分严重的后遗症，轻则神志不清，重则可以使中枢神经麻痹，继而丧命。此外，它还使人产生性冲动，导致许多少女失身，所以又称之为"迷奸粉"或"强奸粉"；

（4）三唑仑，又名艾司唑仑、海乐神，是一种新型的苯二氮卓类药物，具有催眠、镇静、抗焦虑和松肌作用，长期服用极易导致药物依赖。因这种药品的催眠、麻醉效果比普通安定强45～100倍，口服后可以迅速使人昏迷晕倒，故俗称迷药、蒙汗药、迷魂药。三唑仑无色无味，可以与酒精类共同服用，也可溶于水及各种饮料中。

毒品的吸食方式，除烫吸、注射外，烟吸、口服也较为普遍。在青少年吸食新型毒品的群体中，其所谓的"嗑药"就是吃摇头丸，"打K"就是吸食K粉，"溜冰"则是吸食冰毒。

新型毒品的成瘾性不像海洛因等传统毒品那么强，并且可以使服用的人产生精神清爽、愉快、自信心等感觉，同时又有消除疲劳、提高工作效率和思维能力、增加对音乐内涵理解等效果。刘晓梅（2009）分析了新型毒品与海洛因等传统毒品的五方面主要区别。

（1）新型毒品系人工合成的化学类毒品，制造成本低、周期短、风险小。海洛因系原植物加工合成类毒品，制造成本高、周期长、风险大；

（2）吸食冰毒、摇头丸、K粉、麻黄素片等新型毒品后，吸食者兴奋、狂躁、易性乱、抑郁、易怒，且连续三四天不吃不睡，出现幻觉、错觉、猜疑、恐慌等精神病症状，且极易在吸毒后的幻觉中对社会和他人实施攻击行为。而吸食海洛因后，吸食者则绵软无力、昏睡，在毒瘾发作时，有可能为筹毒资而攻击亲人或他人；

（3）新型毒品吸食方式多以饮料瓶做成水烟筒吸食，也有的为追求综合效果，将海洛因和冰毒等新型毒品掺在一起吸食或注射；

（4）吸食者对传统毒品会产生强烈的生理依赖，而长期服用新型毒品会产生很强的精神依赖；

（5）新型毒品具有群体性吸食的特点，吸毒者少则三五人，多则几十人在一起聚众吸毒，并且超强、超重的重金属音乐刺激能有助于药效的发挥，所以一些练歌房专门设有供吸毒者使用的房间，叫"嗨房"。在一些娱乐场所，还有专门陪"嗨"的服务小姐，这种人也有一个专有名称——"嗨妹"。她们向客人推销摇头丸和K粉，以招揽顾客，赚取钱财。

近年来，冰毒、K粉、摇头丸等新型毒品品种繁多，并以青少年居多。吸食行为多发于迪厅、歌厅包厢、酒吧、宾馆客房、洗浴中心等公共娱乐场所，具有群体性特点（马红平，2010）。"摇头万岁，嗨药无罪"是"嗨哥"、"嗨妹"的流行语（刘玉梅，2009）。杜宝龙（1999）在有毒品罪错问题的青少年身上归纳出"三低三多三少"的特征："三低"是指有毒品罪错问题的青少年年龄低，文化程度低、就业层次低；"三多"指男性多，城镇居民多，无业者多；"三少"则是指女性少，农村居民少，有正当职业者少。在新型毒品吸毒者的特点方面，阮惠凤、徐南（2008）认为主要表现为：①女性新型毒品滥用者所占比例总体上呈逐年增长趋势；②滥用新型毒品的"25 岁现象"突出；③新型毒品滥用者多为住在城镇的非农业人口；④新型毒品已渗入白领精英阶层并逐步蔓延开来；⑤新型毒品滥用群体分为三类："嗨妹"群体，公司职员、个体、运输工人、商人、教师类群体，以及无业者群体。

林丹华等（2010）在一项研究中发现工读学校的学生使用毒品的行为已经达到令人触目惊心的程度，他们发现：①40.9%的工读生曾尝试使用过至少一种毒品；②工读生使用毒品的人数远远超过普通中学的学生（40.9% 对 0.03% ~ 1.7%）；③开始吸毒的年龄普遍较低，工读生普遍在 12 ~ 14 岁就开始吸毒；④在生活中接触到毒品的可能性很大，38%的工读生报告过去一年中有人向他们提供或销售过毒品；⑤女生是工读生中的高危群体，与男生相比，更多的女生使用 K 粉（71% 对 32%）、冰毒（58% 对 20%）和可卡因（23% 对 4%）。

青少年吸毒的成瘾行为是多种因素相互作用的结果，其中社会、环境、人格和家庭等因素起着不可忽视的作用（刘玉梅，2009；马红平，2010；夏国美等，2009）。以下我们进一步论述中国青少年吸毒的心理、环境原因。

二　中国青少年吸毒的原因

（一）初次吸毒者的心理、环境因素

1. 同伴吸毒行为

"近朱者赤，近墨者黑"，这句警世慎交箴言对青少年吸毒者来说，意义深远。交上一个好的朋友，可以使自己一生的工作和生活都受用不尽；交上一个坏朋友，可能会影响自己的前途，使自己的一生暗淡无光。同伴吸毒行为对青少年使用毒品的行为产生影响，甚至超越了个人自我控制能力（林丹华、范兴华、方晓义、谭卓志、何立群、Xiaoming Li，2010；刘晓梅，2009；马红平，2007）。青少年结成一伙互相感染吸上毒品，有时还会和黑社会牵连上，这种团伙性更加助长了青少年吸毒的势头（刘少蕾，1995；肖亚麟，2007）。随着青少年思维独立性的迅速发

展，其依附心理发生了变化。他们一方面渴望脱离以往家庭和师长的约束，另一方面由于依附心理依然存在，又致使他们必然依附新的对象来代替原来的依附对象，从而由对家庭及师长的依附逐渐转向了对社会同辈群体的依附。同时，青少年尚处于身心发展不够成熟的阶段，价值标准和行为模式不稳定，又有较强的模仿性，争强好胜，好表现自己。在群体（尤其是交往密切的群体）环境的作用下，受熏染、从众、风险分担和转移等群体因素的刺激，青少年自主性弱化，自控能力降低，平时一个人不会或不愿去从事的行为，在交往群体的无形压力下往往会表现出来。正是在与吸毒群体的交往过程中，很多青少年完成了对毒品及吸毒行为由抑制排斥到逐渐认可并最终接受的态度转变（胡剑、景海俊，2010）。

在中国近年的研究中，学者也肯定了同伴吸毒对中国青少年吸毒的影响。刘志民等（2000）在北京、哈尔滨、重庆和武汉等城市对 657 名吸毒者的调查发现，受朋友、同学、同伴影响而首次吸毒的人占 49.8%。廖龙辉（2001）发表的一篇文章提到，毒品由朋友、同学、熟人提供的首次吸毒经历各占 28%、19%、14%，合在一起等于 61%。另外，庄孔韶（2003）在云南小凉山地区发现，一些少数民族青少年朋友之间的礼尚往来和互惠关系就包括毒品的共享和交换。在一项对 324 名吸毒者的问卷调查研究中，朱琳等（2005）发现青少年第一次吸毒经历主要与朋友关系有关，包括朋友聚会吸毒、朋友介绍毒品使用方法、朋友小群体一起寻求吸毒的刺激。王君等（2006）在乌鲁木齐市的调查发现，509 名吸毒者中有 443 人的周边朋友也是吸毒者。阮惠风、李光（2008）发现新型毒品滥用群体朋辈的日常行为从总体上而言，失常是较为明显的，并依群体类型不同与日常行为指标不同而呈现出不同的特征。三类滥用新型毒品的群体中，无业者朋辈群体失常行为最为明显，在偷盗、抽烟、同其他年轻人打斗、谈论自杀、尝试自杀几个指标上赋值最高；"嗨妹"朋辈群体大部分指标值高于公司职员朋辈群体，在与人发生非婚性关系上，甚至高于无业者群体朋辈，排第一位；公司职员朋辈群体整体指标平均值最低，接近正常水平，9 个指标中，有近 7 个赋值最低，但在喝酒指标上赋值最高，在吸烟指标上排第 2 位。

景军（2009）研究中国青少年首次吸毒的具体情境包括"被单位开除，心情苦闷"、"朋友们为干爹守灵，出于解乏的目的，一起吸食毒品"、"做小姐时，姐妹带着一起吸毒"、"失恋苦闷，朋友拉着吸毒"、"为缓解胃痛，朋友让吸毒止痛"、"开火锅店，有钱找新玩意儿，朋友一起吸"、"赌博赢了钱请客，小兄弟们买毒品"、"朋友一起在夜总会玩时首次吸毒，"、"替黑社会讨债，拿到赏钱，朋友一起吸"、"初恋男友带着吸毒"、"当了包工头，身价百万，朋友介绍尝新鲜"、"在深圳被男人包养无事可做，在迪厅与朋友尝试粉"。从以上原因归纳看，首次吸毒的诱因相当复杂且相互交织，包括社会问题，如失业、当小姐、为黑社会讨债；感情问题，如失恋、当二奶之苦闷；与身体状况有关的问题，如解乏、缓解胃痛。然而将这些问题串联起来导致青少年首次吸毒的关键是朋友关系。此外，朋友关系是导致青少年戒毒一段时间后重新吸毒的关键因素。他发现，吸毒青少年养成成瘾性的关键是不良朋友关系。离开戒毒所回到社会后，这些人很快会回到具有相同嗜好的朋友圈内，重新滥用毒品的比例往往高达95%以上（景军，2009）。

然而，朋辈的影响真的那么重要吗？林少真（2009）认为许多吸毒者的交往群体并不局限于吸毒群体，而且也可能是吸毒者更重要的朋友群体，而吸毒者与这些不吸毒、更重要的朋友群体的交往频率更高。而且，新型毒品和传统毒品不同，它不会让使用者上瘾，可以自我控制。有研究数据显示，从第一次服用新型毒品是否自愿上看，81.15%的新型毒品使用者表示是自愿吸服的。因此，交友不慎、上当受骗不能完全解释吸毒者多次使用毒品的现象。那其他可能的原因何在？

2. 轻信、好奇等"无知心理"

一般人对新事物和陌生事物都具有探索和尝试的欲望，尤其是青少年处于身心发展不够成熟的阶段，各方面都有待发展。青少年求知欲旺盛，有着强烈的好奇心。面对吸毒会获得强烈快感的渲染和诱惑，好奇心强烈的青少年就有可能抱着试一试的心理去尝试，从而慢慢地滑入深渊，不能自拔（卞晓静，2009；廖龙辉，2001；马红平，2007；肖亚麟，2007；张先福，2004；周振想，2000）。在一次关于毒品的全国性问卷调查中，对于"如果有机会，你愿意尝试一下毒品吗？"的调查结果令人震惊，竟然有 80% 的孩子表示"愿意试一试"。这种青少年特有的好奇心往往就是他们走上吸毒不归路的开端（王进英，2007）。一些青少年对毒品的危害还未产生深刻、彻底的认识，反毒、防毒意识非常薄弱。他们认为吸毒是个人的事情，与旁人无关，甚至把吸毒看成一件时髦的、有身份的事情。他们认为戒毒是比较容易的事情，且不反对与吸毒者来往，同时认为吸毒与违法犯罪无关，甚至有身材较胖的女性青少年认为冰毒是减肥良药，从而以身试毒，染上毒瘾后悔之晚矣（卞晓静，2009；胡剑、景海俊，2010；刘少蕾，1995；杨莲、杨贵，2010；张艳，2000）。青少年可塑性很强，好奇心及模仿性强，在这个时期要为青少年创造一个良好的家庭和社会环境。教育好孩子之前先教育好家长和老师，提高家长和教师的素质是当务之急（刘华、贾艳合，2010）。

3. 寻求感官刺激、自我控制不足

在青少年心理发育期，自我受欲望与冲动的支配，总是试图摆脱超我的束缚，试图寻求新奇的刺激。在本能的驱动下，

本我张扬、桀骜不驯、以快乐至上。如果青少年所处的社会环境、学校环境恶劣，社会风气不良，父母对子女要求又过于松懈，超我强大的心理氛围没有形成，对自我形成不了约束，青少年在这一时期很容易滑入本能的泥潭，受欲望支配而走上吸毒犯罪的道路（王晓瑞，2002）。由于使用毒品能带来一种内在的愉悦感，且同时需要承担社会风险，因而它能给人带来精神上的刺激和兴奋感，这与个人对感官刺激需求的程度直接挂钩。刺激程度越深，就越有可能沉溺于毒品带来的快感和刺激中（刘晓梅，2009；马红平，2007；夏国美等，2009；肖亚麟，2007；张先福，2004）。自我控制理论强调自我控制的特质与青少年越轨行为的独特关系，认为低自我控制能力足以解释不同生命阶段、时间、地域、文化背景的越轨和犯罪行为。不良行为的自我控制会直接预测青少年结交问题行为较多的同伴，从而影响其滥用药物的行为。不良情绪的自我控制则会影响青少年吸毒的动机（林丹华、范兴华、方晓义、谭卓志、何立群、Xiaoming Li，2010）。

4. 青少年自身精神空虚，逃避负面情绪

毒品的特征之一就是能够直接而且迅速地影响人的精神活动，具有麻醉与使人兴奋的作用，有的毒品有致幻作用，给人一种飘飘欲仙的感觉。一些一味追求物质享受而精神贫乏、空

虚的青少年，往往很难抵抗毒品的诱惑（刘少蕾，1995；马红平，2007；王庆位、宋立卿、王庆利，1999；肖亚麟，2007）。一部分青少年遇到生活困难、人际冲突、婚恋失败、升学就业不顺利等挫折，容易灰心丧气、精神颓废、心灵空虚。为了弥补空虚的心灵，便去寻找各种刺激，而毒品就是一种可以在短暂时间内给人以强烈刺激的物品，因此，这些精神空虚的青少年往往会染上毒品，试图在毒品中寻找安慰，忘却烦恼（卞晓静，2009；林少真，2009；刘成根等，2000；杨莲、杨贵，2010；杨玲、李雄鹰、赵国军，2002；张连举，2001；周振想，2000）。此外，青少年时期是人格形成的关键期，其具有成人感和闭锁性的心理特点，这使他们往往缺乏应对压力和承受挫折的能力，使他们处于各种心理矛盾的包围中，这些矛盾不及时疏导，就可能出现情绪问题。长期的负面性情绪，包括惊恐、苦恼、悲伤、紧张、失望、愤怒、沮丧、厌烦等，增加了滥用毒品的风险，危害青少年的身心健康（李文梅、郭颖兰、李君、武砚斐，2010）。

我们将中国经验和世界经验相比较，发现在如此诸多导致青少年吸毒的变量中，还有一个中国吸毒青少年早已经接受并已经不再过多谈及的变量，那就是他们已经被中国教育制度划分到社会底层。景军（2009）在研究中接触到的个案，没有一个吸毒青少年属于当时上学时成绩优良的学生。学习成绩不好是少年时期的严重个人问题和家庭关系的矛盾焦点。学习成绩的下滑标志着这些青少年越轨行为的增多，标志着被社会淘汰的概率增大。学业的失败是这些青少年遭遇到的共同问题，而这一问题又直接影响到青少年的交友方式。从成绩不好开始，旷课逃学、与家长的关系紧张、夜不归宿、生活和消费观念的转变、吸烟和喝酒习惯的养成、性关系的放纵等问题逐步显露。吸毒行为开始往往发生在一连串越轨行为之后，成为从轻微越轨行为过渡到严重越轨行为的标尺。

促使青少年吸毒的原因很多，其中焦虑、抑郁等情绪因素甚为重要。导致青少年焦虑情绪的因素很多，无论是先天生理、后天人格，还是外部成长环境，均可成为焦虑情绪的诱发根源。而在众多外部成长环境诱因中，邹勤（2008）发现家庭诱因影响尤为明显，是导致青少年焦虑情绪的关键因素。导致青少年焦虑情绪的家庭诱因大致有五个方面：①亲代婚姻解体；②家庭暴力；③亲代期望压力；④亲代教养误区；⑤亲代自身焦虑。以下进一步探讨家庭环境对青少年吸毒的影响。

5. 家庭环境的影响

随着中国社会的日益变化，传统的家庭结构、家庭观念和家教模式悄然发生了嬗变，产生诸多矛盾和冲突。一是家庭教育弱化。一些家庭为了生计，父母双双奔波在外，无暇管教子女，难以扮演教育者的角色，父母担负青少年初次社会化的作用不断被削弱，出现家中子女自理生活、无人管教的现象；学校（教师）、家庭（父母）、学生（子女）之间的交流减少，青少年陷入孤独的情形加剧，使得社会不良风气对青少年施加影响的机会和效果增强。二是父母权威弱化。一些父母仍拘泥于传统管教方式，或者以过于溺爱或过于严厉的态度来管教子女，这样不仅不能发挥家庭教育的功能，而且使子女失去家庭归属感和温馨感，间接增加其反社会行为。当今青少年的父辈权威认同感趋于淡薄，他们敢于反抗上级、师长及父母，增强了独立、自主意识，但也滋生了桀骜不驯、自我本位、自我放纵等不良品行，往往不自觉地走入歧途。蒋涛（2006）的一项有关吸毒人群社会支持网的研究发现，大多数吸毒人员的经济支持者是母亲，同时很多母亲是背着父亲偷偷到戒毒所来看望子女的。三是家庭稳定性的弱化。今天的家庭不仅经历着结构性变迁，而且经受着非传统文化、价值观念和生活方式的冲击。家庭生活已不再像传统社会那样简单淳朴，各种婚外情、离异单亲家庭、破碎家庭、犯罪家庭相伴而生。"问题家庭"的增多，不仅破坏了家庭的稳定性，而且造成家庭成员，特别是青少年产生恐惧感、焦虑感和不安全感，给家庭成员的学习、工作、生活留下许多后遗症（程秀红，2007；李腾开，2010）。广东省 1999 年查获的吸毒人员当中，有 35.7% 的人是由于家庭破裂或家庭关系紧张造成精神空虚，开始步入毒潭的（廖龙辉，2001）。杨莲、杨贵（2010）在一项研究中了解到，多数吸毒青少年家庭中有父母离异、家庭破碎、家庭暴力、家庭成员吸毒或父母溺爱、娇生惯养等情况。刘玉梅（2009）发现中国吸毒青少年的家庭表现为低亲密度、低情感表达、低控制性以及高矛盾性，致使吸毒青少年家庭在教养方式、亲密度以及适应性方面存在问题，对青少年吸毒行为的形成具有重要的作用。家庭教育方式不当，或者家长本身言行不检点等，都很有可能造成青少年养成不好的习惯和生活态度，沾染恶习，甚至吸毒（卞晓静，2009；刘晓梅，2009；周振想，2000）。据调查，广东省吸毒的中学生多数都缺乏良好的家庭教育，有的则是直接受家长的影响染上毒瘾的（霍廷菊，2004）。另外，刘玉梅（2010）对海南省352名吸毒青少年进行问卷调查后发现，吸毒青少年家庭的道德宗教观、矛盾性、控制性得分显著高于中国一般规模，进一步报告了不良的家庭环境是青少年吸毒重要原因的结论。因此，家庭环境与青少年吸毒是有密切关联的。

（二）成瘾者与复吸者的心理、环境因素

禁吸戒毒是一个漫长过程，戒毒中运用药物达到生理脱瘾是可以在短时间内奏效的，但要使吸毒者真正从心理上忘却或

放弃吸毒，回归社会，成为一个能自食其力、对社会有贡献的正常人却不是一件容易的事情。吸毒人员常屡戒屡吸，复吸率居高不下。虽然巩固康复的时间或长或短，有的一两个月内复吸，有的三五年内复吸，但总体复吸率高达95%以上，可谓"戒毒难，巩固更难"。随着时间的推移，强制戒毒一年后复吸或劳教三年后复吸的比例大大增多，戒毒所里人满为患，大多数是几次甚至十几次戒毒后的复吸者（冯丽平，2006）。是什么原因导致复吸率如此之高呢？

吸毒成瘾者和复吸者对毒品的主观心理态度相对复杂，青少年吸毒者初期受到社会及个人心理因素的影响比较大，但是对毒品的依赖一旦形成，维持吸毒的一个重要原因是生物学因素。当毒品的摄取量减少或中断后，人体会出现难受、异常、极度痛苦以及强烈的毒品渴求等症状，需要继续摄取毒品以应对并改善这种身体症状。对于大部分青少年吸毒成瘾者与复吸者来说，一方面，他们对毒品的危害作用已经深有体会，吸毒给自己带来的金钱、家庭问题和社会的歧视与抛弃，都使他们对毒品产生厌恶和强烈的憎恨，有戒除毒瘾的主观愿望；另一方面，毒品固有的物质属性，使他们的身体对毒品有着强大的依赖性，毒品是他们获得快感或逃避痛苦的介质。所以，他们对待毒品的心理是厌恶与需要交织的（景军，2009）。

其实，吸毒者在戒毒所可以达到在生理上戒毒的目的。严重的复吸问题之所以产生是由于戒毒者心理上难以放弃毒品，同时在他们回到社会之后，愿意结交戒毒者的往往是那些戒毒者所谓的好朋友，即吸毒同伴，戒毒者从"里面"被放出来之后，很多时候无所事事、心情烦躁不安（周健，1996），接触吸毒同伴后往往不能克服心理上对毒品的渴望，不能抵制吸毒朋友的诱惑，开始复吸。因而，我们可以认定重新吸毒问题的核心也是一个朋友圈的问题（景军，2009）。另外，许多戒毒人员康复回到社会后，家庭、亲人、朋友、同学都疏远、躲避他们，戒毒人员找不到工作，失去经济来源，信誉扫地，前途无望，又得不到应有的关心和爱护，感受不到社会的温暖，家庭的幸福，参与社会活动的愿望被现实一一击碎，这些来自社会、家庭的各种心理压力使他们无法承受，从而引起情绪不稳、心烦、悲观甚至绝望，自暴自弃，然后又复吸（冯丽平，2006）。王京柱（1999）发现吸毒人员家庭对吸毒人员的帮教不得力。一般家庭与吸毒者关系紧张，对吸毒者都是嫌弃、抱怨，恨其不争气。在帮教工作中，虽然绝大多数家庭经过工作能给予积极配合，但有些家庭对吸毒者采取了顺其自然和无可奈何的态度，尤其对那些复吸者，其家庭成员在帮教过程中会出现唠叨、抱怨甚至讽刺、挖苦等现象。这些做法对于帮教自尊心低、需求模式不健全、挫折耐受力差的吸毒者是十分不利的。青少年吸毒给家庭带来了不幸，因此家庭成员对吸毒者丧失信心，将其拒之门外，致使帮教工作难以进行。闫伟刚、王晓木（2004）认为在中国吸毒是违法行为，戒毒主要采取行政强制措施，因此，目前的戒毒模式更多侧重于对吸毒人员的依法惩处、严格管理与劳动教育改造。治疗，尤其是身心康复与回归社会的帮教受到的关注很少，这是造成复吸率高的一个重要因素。

三 中国青少年戒毒服务

中国吸毒人数是相当庞大的，吸毒者的复吸率也是很高的，因此戒毒工作的任务十分繁重（蒋健，2007）。目前，国内吸毒人口的比例较国外一些发达国家低，毒品的种类也较少，但危害程度却不低，而且国内还没有形成良好的戒毒机制，也缺少一些民间社团来帮助吸毒人员戒毒（蒋涛，2006）。

从戒毒实施主体的角度分析，戒毒模式的推行者既有政府组织，也有非政府组织，还有实验室和个人。从关联学科领域分析，关注戒毒问题的研究领域包括法学、社会学、心理学、医学、行为学等，不同学科以自有的理论基础和视角构建戒毒模式，有的研究在模式构建中借鉴其他学科的方法，以期全面解决吸毒成瘾问题。在实践运行方面，不同国家选择不同的方式，主要有法律规定、政策倡导、团体规则、操作规程、个案跟踪维持、医院治疗等方式。

根据吸毒人员的状况及吸收吸毒人员的方法，目前中国的戒毒机构可分为三类：一是强制戒毒所；二是劳教戒毒所；三是自愿戒毒机构。大部分吸毒人员是被公安机关强制送往戒毒机构进行戒毒的，只有很少部分由亲人送往戒毒机构戒毒，吸毒者本人主动戒毒的更是寥寥无几（杨莲、杨贵，2010）。为构建"预防和减少犯罪体系"，2003 年 8 月上海市率先在全国开展禁毒、矫正及青少年三个专业社会工作者的服务试点。2003 年 12 月成立了三个民办非企业专业社团，2004 年 8 月，专业社工在全市 19 个区县全面推开。近 400 名来自法律、教育、社会、公安、司法等不同岗位的禁毒社工活跃在社区禁吸戒毒一线，从事专业服务。经过实践与探索，禁毒社工在上海禁吸戒毒工作中的作用已经初步呈现，并取得一定的成效（张俭琛，2005）。

完整的戒毒过程包括脱毒治疗、康复、回归社会三个紧密联系的阶段：①脱毒阶段。这是戒毒的开始，主要采用药物治疗方法，使吸毒成瘾者顺利度过急性戒断反应期，使吸毒者能够脱离毒品而没有生理上的痛苦。②康复阶段。脱毒完毕后，戒毒者的心理、神经功能及身体状况还未恢复，行为还未得到矫正，这些都是导致复吸的因素，因此需要有一个过程来处理脱毒后的稽延性戒断症状、心理和行为问题，这个过程就是康复阶段。③巩固阶段。指的是戒毒者回归社会之后，建立一套监督、扶持、帮教系统给予其后续照管，使他们能作为正常人适应并融入正常的社会生活之中。从实践来看，由于前两个阶段是在相对封闭的环境中进行的，因此一般都能达到相应效果，而第三阶段则是在开放的环境中完成的，吸毒者复吸的概率大大增加。因此，能否成功戒毒，第三阶段是一个关键环节（蒋健，2007）。其中家人的支持和配合是戒毒成功与否的一大要素。浙江省公安厅禁毒总队调研组（2006）在一项调查中发现，吸毒人员能够坚持 3 年不复吸，取决于戒毒帮教对象戒断毒瘾的决心与其父母等家庭成员的管教约束程度。凡是家庭成员平时能够主动积极配合社区帮教管理，帮教衔接等措施就能落到实处，各方面的帮教工作开展就比较顺畅，复吸的可能性就小，脱毒可能性就大。蒋庆明（2002）也强调，一人吸毒，全家遭殃。吸毒人员的家属亲友都是希望吸毒者能戒断毒瘾的。只要禁毒部门组织严密、方法得当，社会帮教工作完全可以得到每一位吸毒人员家属亲友的支持和参与。他们与吸毒人员生活在一起，参与进来，就能使帮教工作开展得更为顺利，更为有效。闫伟刚、王晓木（2004）强调吸毒者的家庭成员必须直接参与戒毒过程，要大力发展有爱心的志愿者加入到戒毒工作中来，由他们督导吸毒者的家庭成员或对吸毒者有影响的人善待吸毒者，帮助他们克服生活、工作、经济、婚姻、家庭等方面的困难，给予精神及经济上的援助，使其渡过难关，保持良好操守。他们相信这是戒毒过程中最关键的阶段，直接决定了戒毒效果的成败。

　　一个吸毒成瘾者要想彻底戒除毒瘾，除了通过药物治疗外，更多需要心理治疗，使他摆脱毒品的束缚，走上正常的生活轨道。但是这个过程不是一蹴而就的，也不是靠吸毒者个人的毅力就能完成的。这是因为戒毒者在结束戒毒治疗重新返回社会后，其心理状态和处境是非常复杂的。戒毒者虽然已生理脱瘾，但心里脱瘾仍需较长时间，仍存在对毒品的渴求感。经过长时间戒毒过程，一旦回归社会，戒毒者对毒品的依赖心理反而会更加强烈，他们还非常有可能受到原先吸毒环境的影响，此时如果没有外来力量的帮助，极易重新吸毒（蒋健，2007）。从现行的戒毒矫治体制来看，无论是自愿戒毒、强制戒毒，还是劳教戒毒，虽然都重视对戒毒青少年进行生理脱毒和心理康复，但关注的仍然仅仅是吸毒青少年个体，对青少年出所后的监管和社会帮教明显力不从心。当戒毒青少年走出戒毒所，由相对封闭的环境进入开放社会，由于没有彻底斩断与原有交往群体的联系，对毒品的渴求很容易被重新激发，很多人重新走上了吸毒之路，大量的戒毒青少年始终走不出"戒毒—复吸—再戒—再吸"的"旋转门"。尽管很多青少年通过自身的吸毒体验也切实认识到了毒品的危害，并诚心改过，但普遍感到最大困难的是如何斩断与"道友"或"粉友"的联系，彻底脱离原有的生活环境。很多戒毒青少年一回到原先的朋友圈子中，便难以抵御同伴的劝说和引诱，禁不住"再来一口"，从而再陷毒潭。另外家庭和社会不给予接纳、谅解和支持，也是导致戒毒青少年重新滑向吸毒群体的重要原因（唐斌，2005）。

"一时吸毒，终身戒毒"，戒毒是没有特效药的。这对戒毒工作也是一种挑战，需要各个部门、关键人物与时俱进，群策群力，不能思想僵化，一成不变，套用已有的固定模式来帮助染上毒品的青少年，不然就会事倍功半，浪费人力物力。一线的工作人员必须发挥主观能动性，积极探索戒毒工作的新方法、新途径。目前，中国帮教队伍组成结构不合理，缺乏专业的心理治疗队伍，导致帮教工作过多依靠政治思想教育，方法简单，浮于表面，不能从根本上帮助吸毒者戒毒（蒋健，2007）。

四 小结

中国青少年吸毒的情况越来越严重。然而目前国内解救帮助他们的方法却不够完善。面对青少年戒毒这个复杂的问题和挑战，我们不能不考量青少年发展的需要和关键因素，多方合作、多管齐下。

鉴于家庭在青少年戒毒中的重要角色，综观亚洲地区戒毒工作的现状，本书旨在与青少年吸毒相关的司法人员、一线戒毒工作人员、学者等分享。第二章将呈现国际文献中关于青少年成长与家庭的关系，以及家庭与吸毒青少年千丝万缕的联系。第三章将根据中国家庭的研究资料，简述吸毒青少年的一般家庭关系。第四章简述中国吸毒青少年的精神面貌和成长特质。第五章将基于中国家庭的工作经验，细述家庭治疗在青少年戒毒工作中的来龙去脉和技巧。第六章针对一个中国家庭的戒毒治疗过程，详细分析运用家庭治疗帮助青少年戒毒的技巧。

第二章　青少年吸毒的家庭因素与情况

当青少年子女吸毒时，父母不禁会问："为什么啊，为什么是我家的孩子啊？"有些父母会归咎于孩子"定力"不够，受不了引诱；有些父母会责怪孩子所结交的都是损友；有些父母则觉得世风日下，社会风气败坏；更有些父母会自责是不是自己没把孩子教育好。如前所述，青少年吸毒的原因是复杂的，其中有一些因素家长可以抵御，有一些则很难应对。其中，家庭因素和青少年吸毒不无关系，也是家长可以驾驭的重要因素。本章将阐述青少年吸毒和家庭关系的关联。首先，我们来看看在青少年的成长中，家庭的定位如何。

一　家庭关系与青少年成长

朋辈群体在青少年发展中的重要性往往掩盖了家庭关系的作用。但是，很少的证据能证明在青春期中，朋辈群体比家庭关系发挥更为重要的作用。尽管朋辈群体在青少年发展中起到了很重要的作用，但是家庭仍然是青少年健康和幸福的中心（Noller & Callan，1991）。此外，不是所有的青少年都与同龄人有相互或者密切的关系。如果青少年的父母支持孩子交朋友，那么朋友和父母对青少年发展的影响是相辅相成的（Engels，Dekovic，& Meeus，2002）。

近来的研究（Ambert，1997；Wills，Resko，Ainette，& Mendoza，2004）已经发现，朋辈群体并不能取代家庭关系。有研究将家庭关系和影响青少年发展的其他关系进行比较，比如学校、同辈群体等，结果肯定了家庭关系的中心地位（Baumrind，1999；Hofer，Youniss，& Noack，1998；Larson，Richards，Moneta，Holmbeck，& Duckett，1999）。家庭作为一个多方面的聚合体，对青少年的发展产生重大的影响，其中，家长教养方式、亲子间的互动、父母之间的关系以及家庭的环境都是对青少年的发展产生积极或者消极影响的重要因素，以下一一概述。

（一）家长教养方式

青少年常常和父母进行交涉，目的是为了获得更多的自主权和自由。父母权利的运用对于青少年探索自身身份起着决定性作用（Newman & Murray，1983）。研究已经证实，权威型的教养方式往往起反面的作用，而且过高要求的教养方式对青少年发展具有不良的影响（Fletcher, Darling, Steinberg, & Dornbusch, 1995；Fuhrman & Hombeck, 1995；Steinberg, Mounts, Lamborn, & Dornbusch, 1999）。诱导和民主式的教养方式，则更能培养青少年平日做决定和规划的能力。但是如果父母采取权威型，或者放任自流的教养方式，那对青少年发展的帮助会打折扣（Baumrind, 1999）。

中国父母的管教方式，经常被描述为过于高压和控制（Chao, 1994）。与大陆父母和台湾父母相比，中国香港的父母在教养方式方面曾经被描述为相当缺少温情（Berndt, Cheung, Lau, Hau, & Lew, 1993；Lai, Zhang, & Wang, 2000）。一份香港边缘青少年精神健康问题的研究发现，家长教养方式过于严厉（Davis, Tang, & Ko, 2002），会致使青少年表现出抑郁症状（Stewart, Byrne, Lee, Ho, Kennard, Hughes, & Emslie, 2003）和自杀意念（De Man, Wong, & Leung, 2003；Lai & McBride - Chang, 2001）。

（二）亲子间的互动

青少年和父母之间的互动模式，常常和青少年发展的各个方面有所联系。比如，亲子间的沟通与青少年对自我身份的探索是息息相关的（Grotevant & Cooper, 1999）。尽管很多外国的研究致力于区别父亲和母亲对青少年发展的不同影响，但是在这一领域只有很少的令人信服的证据 （Marta, 1997；Tousignant, Bastien, & Hamel, 1993）。在中国的家庭里，"严父慈母"的不同角色分工对于青少年的心理健康有预测性的作用 （Shek, 1999, 2000）。有趣的是，尽管父亲一般不太和孩子亲近，但是相比母亲而言，父亲对青少年的心理健康可能产生了更大的影响。相比消极的母子关系，消极的父子关系会让青少年更烦扰和有压力。相反，父亲对青少年的支持也可能会比母亲的支持更有效果 （Shek, 1999, 2000）。

（三）父母间的冲突

虽然家长教养方式和亲子间的互动对青少年发展有重要的影响，但是难免有父母不能完全负起养育和教育子女的责任。更有些父母由于自身的需要和家庭功能的紊乱对青少年的发展造成困扰。所谓"问题父母"中包括有虐待倾向（对孩子有性虐待、身体虐待）、成瘾和情绪抑郁的父母 （Ambert, 1997）。尽管遭受情绪或者精神问题困扰的父母是不常见的，但是父母之间的冲突却是很平常的，而父母间的冲突对青少年的成长也可能产生不良影响。

当父母间的冲突在暗地里进行，他们会尽量避开彼此，暗中对峙，通过不友好的肢体语言表达他们对对方的苛责和厌恶 （Margolin, 1988）。他们的孩子经常能感觉到，甚至卷入这种冲突之中。如果孩子和父母中的某一方建立联盟，那么这对于青少年安全感和信任度的培养是不利的（Sroufe & Fleeson，1988）。而且在这种情形之下，青少年往往在各方面都不能表现得很好（Christensen & Margolin，1988；Sabatelli & Anderson，1991）。

当父母间的冲突是公开的，父母朝对方咆哮、摔门，甚至进行身体上的相互攻击，家庭压力通常会很高且频繁，这会对家庭中的大多数成员产生相当负面的影响（Katz & Gottman，1994）。实际上，相比离异的单亲家庭，这种家庭压力更可能给孩子带来不利的影响（Ambert，1997）。

（四）家庭环境

很多研究就青少年发展与家庭环境的关系达成了共识（Johnson，LaVoie，& Mahoney，2001；Sun，1991）。不利于青少年发展的家庭环境包括高度的冲突和控制，以及家庭缺乏凝聚力、表达能力和组织力（Hamid，Yue，& Leung ，2003）。这些家庭环境很可能会导致青少年较低的自尊和较高的抑郁倾向（De Ross，Marrinan，Schattner，& Gullone，1999）。有凝聚力、有序和容易实现目标的家庭环境则能给青少年发展带来积极的影响（Lau & Kwok，2000）。家庭环境能对青少年的心理健康、学校适应能力以及包括吸毒在内的问题行为，产生直接或者间接的影响（Shek，1997）。

总之，青少年的发展受到家庭教育、关系等多方面的影响，尤其是在中国社会，家庭更被视为是能对青少年发展产生重要影响的一个大环境。

二 家庭关系与青少年吸毒

青少年吸毒的成因很多，包括生理、心理、社会关系等，而且这些因素之间的互动也很复杂（Glantz，Weinberg，Miner & Colliver，1999）。在药物成瘾的整个过程中，青少年在不同阶段的转变又可能会受到不同因素的影响。在对吸毒青少年与他们家庭的研究中，系统理论（systems theory）适当地考虑了青少年不同方面之间的互动关系，包括青少年自身、人际、社会环境等不同维度之间的互动。一般对有关家庭和吸毒关系的研究，误解是将个人吸毒的原因归咎于家庭，或者过分强调家庭的责任（Walitzer，1999）。但是通过仔细分析可以看到系统理论对家庭因素的理解并不采取"A 导致 B"模式的线性因果律，而是坚持循环的、互动的关系，考虑各种因素之间的相互作用和影响（Nichols & Fellenberg，2010）。这并不是要转嫁家庭的责任，或者否认个人和社会环境的作用。这一理论相信，个人是与他人相联系的，个人与家庭中的其他成员，甚至与更为宽泛的环境（例如同辈群体或者学校）都存在着联系。应用到吸毒中，系统理论有利于充分考虑不同领域和情境，尤其是家庭因素在治疗过程中的重要性。家庭系统在成瘾青少年的支持网络中毕竟居于中心地位（Rowe & Liddle，2003）。

本书主要是探讨中国吸毒青少年的治疗与康复过程，尤其是他们与家庭的关系以及家庭成员在康复中所能扮演的角色。在这一方面，国内和国外鲜有研究。因此，本书不关注各种不同因素之间的相互作用（比如同辈群体、工作和学校）。不是因为这些因素不重要，而是为了更好地研究在青少年发展中经常被忽略的家庭关系（Steinberg，Darling，Fletcher，Brown & Dornbusch，1995；Ambert，1997），重新界定家庭在青少年吸毒康复治疗中的作用（Kandel，1996；Mok - Chan，2000；Narcotics Division，2002）。

当代研究一直将家庭关系中的多个方面与青少年吸毒问题联系起来（Rowe & Liddle，2003）。这些方面包括家庭功能和支持、教养方式、亲子关系、家庭结构和家庭环境质量。下文将予以说明。

（一）家庭功能和支持

研究显示，如果吸毒的青少年在治疗前家庭功能和支持越积极，青少年和其父母的关系在治疗后就会表现出越大的改善（Friedman，Terras & Kreisher，1995）。也有证据显示，家庭功能越失调，青少年吸毒越严重（McKay，Murphy，Rivinus，& Maisto，1991；Smart，Chibucos & Didier，1990）。许多研究也证明了家庭支持和重复吸毒的关系（Marlatt & Gordon，1980；Sanders，2000；Selekman & Todd，1991；Wills，Resko，Ainette，& Mendoza，2004）。简言之，家庭关系越好，青少年戒毒成功的概率越高。

（二）教养方式与青少年吸毒

一般青少年发展案例显示，家长的无效管理与青少年吸毒不无关系（Clausen，1996；Piercy，Volk，Trepper，Sprenkle，& Lewis，1991）。研究发现，这些父母的行为方式或者过于独裁，又或者过于放任自流（Barnes，Farrell，& Cairns，1986；Craig，2004）。父母的管教经常前后不一致，或是没有规范，这是导致他们的孩子出现吸毒问题的一个重要因素（Lochman & Van den Steenhoven，2002；Vicary & Lerner，1986）。亲子关系的混乱和冲突情感的存在，使孩子们往往会做出一些激怒家长的行为，而吸毒就是其中之一（Reilly，1992）。然而，研究也发现，家长适当地控制对青少年吸毒有重要影响（Hawkins，Lishner，& Catalano，1985；Lewis，1991）。一方面，结构性的、合理的、低惩罚性的控制模式有利于降低青少年吸毒的概率（Brook，Whiteman，Nomura，Gordon，& Cohen，1988）；另一方面，父母的放纵、过低控制或置之不理往往会造成青少年继续吸毒（Baum-rind，1999；Griffin，Botvin，Scheier，Daiz，& Miller，2000）。

　　尽管青少年的药物使用可以通过其朋友的药物使用来预测（Thomas & Hsiu，1993），但是如果父母采取坚定而具支持性的教养方式，则可以减弱朋友的影响，对于培养青少年的自主能动性、自我定位和责任感有重要的作用（Andrews & Duncan，1997；Brown，Mounts，Lamborn，& Steinberg，1993；Mounts & Steinberg，1995）。父母进行适当的监控和给予一定的支持，能够劝阻青少年不受朋辈影响使用药物，同时也能鼓励刚开始吸毒的孩子停止用药（Steinberg，Fletcher，& Darling，1994）。换句话说，父母监控不管在预防还是治疗青少年吸毒方面都有效果（Pettit，Laird，Dodge，Bates，& Criss，2001；Steinberg，Fletcher，& Darling，1994）。

（三）亲子间的关系与青少年吸毒

　　积极的、正面的亲子关系有利于阻止青少年吸毒（Glynn & Haenlein，1988；Lloyd，1998）。早在20年前，已经有专家打破了朋辈影响青少年吸毒中的谜思。他们认为"只要家庭系统是牢固的，朋辈群体只能发挥很小的作用，甚至是没有作用。除非父母让位了，朋辈群体才能发挥作用"（Sheppard，Wright，& Goodstadt 1985）。

20 世纪 90 年代，美国专家学者 Kander（1996）重申了这一观点，他觉得在判断朋辈群体和父母对青少年吸毒或者其他越轨行为的影响中，一般已经高估了同辈群体的重要性，低估了父母的作用。其他的学者（Hawkins, Catalano, Gillmore 和 Miller, 1992）也认为青少年和父母关系疏离是造成青少年吸毒的一个关键的危险因素。其中，亲子间的亲近或疏离，对青少年吸毒的程度亦有重要影响（Coombs, Paulson, & Richardson, 1991；McKay, Murphy, Rivinus, & Maisto, 1991）。与继续吸毒的青少年相比，成功戒毒的青少年一般能够从母亲身上得到更多的信任，并从父亲身上得到更多的赞扬和鼓励。我们不难发现，吸毒的青少年家庭有一个普遍的特点，就是亲子关系缺少亲密（Wright, 1990）。相反地，和孩子们保持较好关系的父母，则能够较成功地阻止孩子们吸毒，使其戒毒（Vakala-hi, Harrison, & Janzen, 2000）。

（四）家庭结构与青少年吸毒

结构性家庭治疗（structural family therapy）有这样一个假设，父母需要紧密合作来发挥他们为人父母的管教功能。当父母总是处在冲突中，不良的家庭结构就容易形成——比如，孩子和父母中的某一方形成联盟，或者孩子成了迂回冲突的替罪羊（Nichols & Fellenbeng, 2010）。在对青少年戒毒的研究中，Joan-ning, Quinn, Arrendondo, & Fischer（1984）确实发现了这种有问题的家庭结构。许多早期的研究者声称，如果母亲对药物成瘾的孩子过分投入，那么父亲往往会脱离出来（Chein，Gerard，& Rosenfeld，1964；Kaufman & Kaufmann，1979；Mason，1958；Vaillant，1966）。也就是说有吸毒青少年的家庭或是过于松散或是过于僵化（Friedman，Utada，& Morrissey，1987；Liddle，Dakof，Parker 和 Diamond，1991）。

父母间的沟通失调会促使青少年吸毒，而青少年的吸毒行为反过来又会使父母间的冲突变本加厉（Bressi et al.，1999）。结果，吸毒的孩子就成为夫妻间的"夹心饼"，进而变成父母间交流方式的一个调节器。当家庭的关系结构不利于个人成长的时候，往往家庭问题就会出现，而这些家庭问题又往往会造成个人的成长问题，也会进一步导致家庭的功能失调。

（五）家庭冲突与青少年吸毒

在 40 年前，已经有研究显示吸毒青少年的家庭往往存在着高水平的冲突（Blum & Associates，1970）。近期的研究结论和临床观察也发现，很多有吸毒青少年的家庭都存在极端的家庭冲突和苦难（Quinn，1996）。不难想象，减少家庭冲突，尤其是减少相互的责怪和意见分歧，在戒毒治疗中发挥了重要的作用（Knight & Simpson，1996）。

三　小结

综上所述，家庭关系对青少年的成长有着举足轻重的作用，和朋辈群体比较有过之而无不及。家庭对青少年吸毒，如水可以载舟，亦可以覆舟一样，一方面有负面的影响，另一方面又有十分大的作用。如果不重视家庭对青少年吸毒和戒毒的影响，则可能出现避重就轻甚至事倍功半的结果。

第三章　吸毒青少年的家庭关系

自 1950 年以来，西方关于家庭关系和吸毒问题的研究文献一直在增多。在青少年试图戒毒的过程中，他们的家庭关系也不可避免地要经历一些变化和重组（Cormack & Carr，2000；Rowe & Liddle，2003）。中国人以家为本（Chung & Chou，1999；Lam，1997）。然而，中国社会对吸毒青少年家庭的理解却有待改进。此外，尽管有证据表明以家庭为基础的治疗是有效的，但是在中国的戒毒工作中，家人的参与尚未被系统地纳入制度与工作过程中。

为了探讨中国青少年戒毒过程中家庭的动态发展，本章通过与 34 个中国家庭的访谈，尝试勾勒出戒毒青少年家庭关系的几个重要层面。

所有参加研究访谈的青少年都来自中国香港的一个戒毒中心。此中心主要针对那些有吸毒问题的青少年提供住宿戒毒服务。他们的戒毒期限一般是一个月，可以延长到三个月。样本包括 34 名青少年以及他们的父母。选择标准如下。

（1）21 岁以下的男性吸毒青少年，当中有的吸海洛因或新型毒品。

（2）和父母一起居住；如果父母分开了或者离婚了，必须和父母中的一个一起住，但是和另一个保持经常的联系。

（3）不会被送到监狱或者接受长期住院式的戒毒治疗。

研究初期共有 115 名参与者，包括 43 名男性青少年，41 位母亲，31 位父亲。研究中招募的青少年都是中国人，并且说粤语。然而在研究过程中，有 9 个家庭无法跟进。其中，有 5 名青少年失去联系，2 名去世，还有 2 名在出院后被监禁了起来。所以，我们又跟进了在治疗前就访谈过的 91 名参与者，包括 34 名青少年、32 名母亲和 25 位父亲。在这 34 名青少年离开中心三个月后，又对他们进行了第二次访谈，相当于在治疗前阶段访谈的 43 个家庭的 79%。

这 34 名青少年的平均年龄为 19 岁，他们基本上完成了 9 年的义务教育，并且都未婚。他们平均有两个兄弟姐妹，和父母住在受资助的出租房里。其中 24 名青少年成功戒毒，10 个人在经历了 3 个月的治疗后还是复吸了。

青少年的母亲平均年龄约为 45 岁，3/5 从事服务业和零售业的工作，如做清洁工和酒楼服务员等，其他都是全职家庭主妇。父亲的平均年龄是 49 岁，大部分从事体力劳动工作，比如做卡车司机、建筑工人和保安人员等。

笔者对所有青少年及他们的家庭成员进行了两次访谈。资料收集工具包括一份家庭功能量表（Chinese-self Report Family Inventory，简称 C-SFI）和一份家庭网格访谈（Family Repertory Grid）。第一次访谈在青少年进入戒毒所前的一到两个星期进行。青少年和他们的家庭成员首先完成家庭功能量表（C－SFI）。然后，一家人经过一轮讨论完成家庭网格的访谈。两份量表的详情在下文进行阐述。

在青少年离开戒毒中心三个月之后，我们进行了第二次访谈。但是研究要求所有参加的家庭成员都必须已经参加过前期的访谈。离开中心的最初三个月有很重要的临床意义，因为这段时间是关键适应期，不管是成年人还是青少年，毒瘾很容易在此期间复发（Brown，1993）。

一　家庭的整体功能（C－SFI 家庭功能量表结果）

家庭功能往往指的是家庭中人际关系、沟通和交流的质量（Beavers & Hampson，1990）。C－FSI 量表共有 36 项指标，5 个维度，其中包括家庭健康指数、家庭纠纷、家庭凝聚力、家庭领导清晰度、家庭表达能力。参加者针对每一题回答，1 分表示非常同意，5 分表示非常不同意。在原来的研究中，以 57 分或更高分定为不称职家庭的分界点（Beavers & Hampson，1990）。

表 3-1 展示了青少年在进入中心戒毒之前的结果，远远超出了原定 57 分的阈值，显示出这些青少年的家庭功能一般不合格。

表 3-1 在家庭功能上青少年、母亲和父亲的平均值的比较

维 度	青少年 （N = 34）	母亲 （N = 34）	父亲 （N = 31）
C - SFI 总量表 （标准差）	99.70 （17.16）	82.29** （20.48）	85.03** （18.64）
家庭健康分量表 （标准差）	42.61 （6.33）	44.02 （14.66）	47.07 （13.74）
家庭病理学分量表 （标准差）	42.60 （6.33）	37.27** （9.72）	37.97* （8.42）

注：* 表示 $p < 0.05$，双尾；** 表示 $P < 0.01$，双尾。

青少年的父亲和母亲对于家庭功能的看法没有很大差距，但青少年的报告却和父母的观点有很大的不同。与父母相比，青少年倾向于用更加消极的词语来评估家庭整体的功能和家庭病理学这两个方面。具体来说，家庭病理学分量表中的项目清单包括下列项目。

第 5 题：成年的家人都互相争取各自在家中的利益。

第 8 题：我们家中没有一家之主，所以一片混乱。

第 10 题：家庭的成员彼此取笑对方。

第 13 题：虽然我家人的关系很亲密，但要我们承认这一点是很难为情的。

第 14 题：我们有很多争论，又从来不去解决问题。

第 18 题：当事情发展得不顺利时，我们通常都会责怪家里其中一人。

第 19 题：在大部分的时间里，家中成员都是独断独行的。

第 23 题：我的家庭允许成员在家中打架和彼此呼喝。

第 24 题：在这个家庭里，其中一个成年的家人有他（她）特别疼爱的小孩。

第 25 题：当家中出现问题时，家人便会互相指责。

第 27 题：我的家人宁愿与外人一起做事，也不愿意大家一起做同样的事情。

第 30 题：我家的气氛通常都是悲惨和不快乐的。

第 31 题：我们有很多争吵。

第 32 题：我的家是由一个人控制和领导的。

上面所有的项目和家庭中人际沟通模式、人际关系和环境的质量相关。与父母相比，青少年对此都有所不满。

二　家庭网格访谈

在吸毒研究的领域，有一系列利用个人建构理论（con-structivism）和网格访谈法（Kelly，1955）为框架的研究，解释对药物的依赖（Burrel & Jaffe，1999；Dawes，1985；Klion & Pfenninger，1997）、成瘾的经验（Viney，Westbrook，& Preston，1985）、吸毒人员的自我认同感（Norris & Makhlouf-Norris，1976；Ryle，1975）和戒毒的心理历程（Ng，2002）。这是首次利用网格法来探讨吸毒者与家庭关系的研究。此研究利用网格法来评估吸毒青少年家庭关系的各个层面。首先，这是一种用起来很简单的方法，不论在研究或治疗方面，操作起来都相当直接，容易掌握（Feixas，1992；Procter，1985）；其次，运用于家庭治疗时，它同时强调治疗及研究所必须注意的道德伦理，也能适当地顾及家庭成员的心理需要（Procter，1996）；最后，和许多家庭评估工具相比，它还有另一个优势，即它强调家庭成员本身的看法和经历（Procter，1985）。家庭网格访谈的核心理念是：尽管家庭思想系统是抽象、复杂的，但却可以表现在家庭的具体行为，以及成员日常的互动之中（Alexander & Neimeyer，1989）。

（一）家庭网格访谈的内容

这个研究中使用家庭网格法，尝试从青少年、父亲及母亲的视角来探索他们对家庭关系的看法（Harter, Neimeyer, and Alexander, 1989），进而勾勒出他们对家庭关系的各种描述（Jankowicz, 2004）。访谈时，我们针对家庭关系的九个层面，邀请青少年和他们的父母来进行描述。

（1）目前母亲是怎样与父亲相处的？

（2）目前母亲是怎样与吸毒青少年相处的？

（3）目前母亲是怎样与另一个孩子相处的？

（4）目前父亲是怎样与母亲相处的？

（5）目前父亲是怎样与吸毒的青少年相处的？

（6）目前父亲是怎样与另一个孩子相处的？

（7）目前吸毒的青少年是怎样与母亲相处的？

（8）目前吸毒的青少年是怎样与父亲相处的？

（9）目前吸毒的青少年是怎样与他的一个兄弟姐妹相处的？

为了获得吸毒青少年和他们家庭成员对家庭关系的观点，我们邀请他们用小组形式各自进行评论或者描述。在其他两个家庭成员在场的情况下，他们可以使用一个词语或者一个短语来描述家庭关系（例如用一个词语来描述目前母亲是怎样与父亲相处的）。在这一过程中，我们鼓励青少年和他们的父母根据自己的想法或感受，随意使用任何词或者词组来描述每一种人际关系，而不必非要和其他的家庭成员意见一致。接着，我们再根据该词语或短句请他们把相对的词语、短句提出。如我们会问："你觉得母亲如何与儿子相处？"如果他们觉得母亲"很爱"儿子，我们会问："那当母亲不爱儿子的时候，又是怎样的啊？"他们可能会觉得母亲不爱孩子的时候，就是母亲"放弃"孩子的时候。简言之，"很爱"相对"放弃"。

当意见有不一致的地方时，我们鼓励他们讨论不一致背后的假定和理由，以便家庭成员达成共识。当两个家庭成员对一个形容词的使用有着强烈的不同意见时，这个词语、形容词就剔除。这是基于这样一个假设：一个家庭成员只要允许社会关系的出现，那么他们对于其他家庭成员的建构就不可能完全相同（Kelly，1955；Dallos，1991）。因此，在这个研究中，我们优先考虑所有家庭成员反复使用并达成一致的形容词；其次再考虑只有两个家庭成员达成一致的想法；如果其他两个家庭成员没有强烈反对的话，只有一个家庭成员优先考虑的想法也可以考虑。每一个形容词或者短语都只考虑一次。然后，在青少年和家人所选择的10个词语、短语的基础上，我们邀请家庭成员各自、逐一评估家庭成员之间的关系。表3－2是一个关于家庭网格访谈表格的例子。

表 3 - 2 中的数字代表每一个家庭成员关系。E1 指代的是母亲是怎样与父亲相处的，E2 指代的是母亲是怎样与儿子相处的，E3 指代的是母亲是怎样与儿子的兄弟姐妹相处的，E4 指代的是父亲是怎样与母亲相处的，E5 指代的是父亲是怎样与儿子相处的，E6 指代的是父亲是怎样与儿子的兄弟姐妹相处的，E7 指代

表 3 - 2 一个对作为元素关于家庭成员的汇总网格的示例

母亲是怎样与父亲相处的	母亲是怎样与儿子相处的	母亲是怎样与儿子的兄弟姐妹相处的	父亲是怎样与母亲相处的	父亲是怎样与儿子相处的	父亲是怎样与儿子的兄弟姐妹相处的	儿子是怎样与母亲相处的	儿子是怎样与父亲相处的	儿子是怎样与他的兄弟姐妹相处的	种类	父亲/母亲/儿子 日期 个案参考	
										形容词（原先提出）6-5-4	形容词（对比）3-2-1
E1	E2	E3	E4	E5	E6	E7	E8	E9			
2	2	2	1	1	1	2	2	2	1	爱	放弃
5	5	6	4	5	6	5	5	5	2	经常性	关心
3	2	1	2	3	2	2	2	2	3	恼火	不恼火
5	4	5	6	4	6	4	4	4	4	热心肠	高兴
5	4	6	4	1	6	4	5	4	5	冷静	不和
2	3	1	2	1	1	2	2	2	6	很少见面	经常见面
5	4	5	4	4	6	4	4	5	7	有帮助	忽视
5	4	6	4	2	2	2	2	2	8	失望	有希望
4	5	4	4	2	2	2	2	2	9	拒绝	接受
5	6	4	5	4	4	5	4	4	10	不屈服	虚弱

的是儿子是怎样与母亲相处的，E8 指代的是儿子是怎样与父亲相处的，E9 指代的是儿子是怎样与他的兄弟姐妹相处的。当决定了 10 个词语、短句、形容词，在不经讨论的前提下，每一个家庭成员会独自用"1"到"6"去评估每一个两极的形容。然后把这个由每一个家庭的青少年、母亲和父亲完成的网格访谈进行分析。

（二）家庭关系的分析

34 个家庭在治疗前共用了 590 个词语或短语来形容他们的家庭关系，在治疗后总共用了 563 个词语。我们引用了 Landfield（1971）的词语类别，经谨慎分析、协商校对和系统的整理之后，达成一致意见，将结果在表 3-3 中呈现出来。

表 3-3 治疗前小组 A 的词汇、短语类别

单位：个，%

类　别	治疗前		治疗后	
	词语数目	百分比	词语数目	百分比
柔和，高	127	21.5	152	27.0
柔和，低	73	12.4	53	9.4
冲力，高	100	17.0	83	14.7
冲力，低	31	5.3	27	4.8
人际互动，积极	70	11.9	70	12.4
人际互动，不积极	28	4.8	25	4.4

续表

类　别	治疗前		治疗后	
	词语数目	百分比	词语数目	百分比
情绪波动	65	11.0	61	10.8
投入，深	16	2.7	17	3.0
投入，浅	9	1.5	9	1.6
社会地位，高	18	3.1	13	2.3
社会地位，低	1	0.2	3	0.5
极端用语	18	3.1	17	3.0
自给自足，高	—	—	2	0.4
自给自足，低	10	1.7	7	0.7
道德性，高	9	1.5	4	0.7
道德性，低	2	0.3	3	0.5
没有分数	6	1.0	10	1.8
替代性选择，关闭	2	0.3	2	0.4
自私性，高	4	0.7	3	0.5
幽默感，高	1	0.2	3	0.5
组织性，高	—	—	2	0.4
总　计	590	100	563	100

前四种类别的词语占了青少年与父母在治疗前的 13 种类别的 83.9%，占了治疗后的 83.5%。这四种类别按照顺序依次是 (1) 柔和；(2) 冲力；(3) 人际互动；(4) 情绪刺激。

建构类别的定义

以下是参考了 Landfield（1971）类别对这四个类别所下的定义，并附了一些例子。

柔和（Tenderness），指出对他人温柔的感觉或富有敏感的陈述，比如：爱、同情、大度、友好、体贴等，或其相反（Landfield，1971）。下面是本研究受访家庭使用的一些例子。

高度柔和的表达：

关心—不关心

对每个人很好—对每个人都不好

爱—放弃

做朋友—争斗

和谐—隔阂

低度柔和的表达：

对关系有些不高兴—认为关系不重要

拒绝—接受

不明白—非常了解

冲力（Forcefulness），指富有活力、公开的表达、坚持、有强度或者相反的任何陈述（Landfield，1971）。下面是一些中国家庭使用过的例子。

高冲力的表达：

愤怒的—不愤怒的

唠唠叨叨—保持安静

好争辩的—顺从的

不屈服的—虚弱的

痛击—爱

低冲力的表达：

高兴的—心肠软的

冷静的—不协调

不争论的—争吵

人际互动（Social interaction），揭示出面对面的、正在进行的、与他人持续的互动或者其反面（Landfield，1971）。例子如下。

高度人际互动的表达：

相互帮助—忽略

沟通—不沟通

倾听别人—坚持己见

帮助—忽略

健谈—安静

低度人际互动的表达：

很少接触—频繁地接触

不回应——回答问题

很少见面—经常见面

情绪波动（Emotional arousal），表示出一种对强烈感情的陈述，这些较为强烈的感情包括愤怒、焦虑、厌恶、热情、害怕、悲伤、高兴、紧张、惊奇、向往等（Landfield，1971）。我们发现在这次研究中，中国家庭倾向于比较负面的情绪。

情绪波动的表达：

强烈—善待他人

担心—不担心

挑衅—快乐

恼火—喜欢

失望—充满希望

综观以上结果，我们惊奇地发现吸毒青少年和他们的父母利用较为积极的表达词语来描述他们的家庭关系。具体地说，在治疗前有21.5%和治疗后27%的高度温柔的词语。随之就是有冲力的关系，治疗前有17%和治疗后有14.7%的高冲力关系。然而，在治疗前，有12.4%的青少年和他们的家人认为低度温柔的表达是家庭关系另一个重要的层面。在治疗前（11.9%）和治疗后（12.4%）的数据都说明一般认为积极人际互动也是很重要的。在治疗前（11%）和治疗后（10.8%），情绪刺激的表达对于青少年和家长同样有意义。这些表达代表着"我们每一个人都惯用的一种方式，对我们身边的事物进行类比和区别，来解释我们日常现实中的经验"（Blowers & O'Connor, 1996）。因此，结果显示出吸毒青少年的家庭常会用温柔、有冲力、人际互动以及情绪波动的表达来形容他们的家庭关系。

从各个不同的家庭小组所使用的表达看来，我们不难发现不同的家庭在治疗前和治疗后对关系有不同的要求。治疗后那些成功戒毒的青少年家庭，其成员比较倾向于受那些温柔的、积极的感情所影响（例如，"关系亲近"和"和谐融洽"）。他们对低度柔和的情感（比如，"不理解"和"拒绝"）减少了，高冲力的表达（例如，"不屈服"和"痛击"）减少了，低冲力的表达（例如，"不够强烈"和"不健谈"）也相对少了，低度人际互动（例如，"很少接触"和"很少碰面"）减少了。在治疗后，带有感情的波动（比如，"担心"和"失望"）的回应也减少了。因此，在治疗后，这些家庭更愿意表达积极的考虑和互动，也就是说少了冲突和消极的考虑。

治疗后那些重吸的青少年家庭，对于高度柔和的表达（如"关心"、"向好的方向"和"好玩"）多了，低度柔和的感情（比如，"拒绝"和"不理解"）却相对减少了。治疗后，他们高度的人际互动减少了，但是低度的人际互动增加了。低冲力的表达（比如，"保持冷静"和"不争论"），以及高度攻击性的表达（比如，"不屈服"和"痛击"）都减少了。然而，治疗后波动的、消极情绪的表达（比如"生气"和"失望"）更频繁了。换句话说，孩子重蹈覆辙后，家庭成员之间展示出更多的关心和更少的争论，然而他们的人际互动却减少了，消极的情绪更多。

总的来说，治疗前，柔和、冲力、人际互动以及情绪波动是四个重要类别的表达。治疗后，所有的家庭使用了更多高度柔和的表达,较少低度柔和及高冲力、争论的表达。成功戒毒的青少年其家庭倾向于增加家庭成员之间的人际互动,并减少消极的情绪波动。戒毒失败的青少年其家庭功能性的人际互动减少了,消极的情绪波动却增加了。总之,我们发现那些成功戒毒的青少年其家庭关系往往比戒毒失败的好。

这一发现让我们注意到,吸毒对家庭成员的积极沟通和亲密感能产生消极的作用,这个作用会使家庭处于一种不健康的状态(Glick, Berman, Clarkin, and Rait, 2000)。相反,如西方研究显示,消极的家庭互动(如冲突性的言语或强烈的交流)可能会加剧青少年吸毒。Steward 和 Brown (1993) 长期研究了吸毒青少年治疗后的家庭功能。他们发现,成功戒毒的青少年有较好的家庭关系和较低的冲突。治疗后的两年,与那些戒毒失败的青少年家庭相比,成功戒毒的青少年家庭更加和谐、正面表达更多、冲突也更少。然而,我们不得而知的是这之间的因果关系,即家庭和谐度能够帮助青少年戒毒,还是青少年成功戒毒能够帮助家庭关系更加和谐。然而,有资料显示,家庭更和谐是能够帮助青少年减少吸毒的 (Duncan, Tildesley, Duncan, & Hops, 1995)。

当家中有青少年吸毒时,家庭成员有消极的情绪反应不足为奇。然而治疗前和治疗后出现柔和(例如,爱、关心和担心)的表达,就叫人费解了。这和海外的研究发现有所不同。很少有西方文献在研究青少年吸毒时会发现家庭成员之间有积极的情绪。海外研究认为吸毒青少年的家庭经常情绪受限（Barnes & Windle，1987）并且缺少亲密感（Wright，1990）。文献常常指出在这些家庭一般没有爱和接纳（Kirschenbaum，Leonoff，& Maliano，1974；Norem－Hebeisen，Johnson，Anderson，& Johnson，1984）。这和文化因素是否相关？根据 Bond 和 Hwang（1986）的研究，中国社群往往通过和他人的关系来界定个人的身份，中国人强调人与人之间的关系和责任，重视保持社会秩序和和谐。从父母管教的角度来看，这意味着爱与管教是分不开的（Tobin，Wu，& Davidson，1989）。中国家庭中的父母强调适当和严厉地管教和训练孩子，这是考虑到人必须各就其位，强调人与人之间的和谐和社会秩序的维持（Ma，Lau，& Chan，2002）。

另一种可能的解释是中国的家庭对"爱"的表现方式。Chao（1994）指出中国家长的管教方式，包括采用西方社会不会接受的体罚，是中国社会父母对孩子的一种爱的表现，而且对孩子是积极的、有益的。Stewart 和 Colleagues（1998，2002）发现，中国父母的控制和纪律与他们对孩子的温暖和爱是正相关的，并对孩子有正面的影响和结果。Chao（2000）认为，西方家长通过肢体、言语、情绪来表达对孩子的支持，中国家长的支持则是通过参与和投入来表达的，反映了中国父母重视为人父母的责任。这帮助我们重新定位中国父母的情感表达。然而，当我们解释这些发现时，我们应该考虑到这项研究的限制。这个研究使用了只包括了91个人的小样本，使研究的结果有一定的局限性，另外，样本是基于方便的原则从治疗中心选取的。这项研究的纵向设计，考虑到仅仅在三个月内对两个点所收集的数据，难以确定因果关系。家庭网格访谈要求青少年和他们的父母一起讨论也可能限制他们畅所欲言，其中可能有各种错综复杂的情绪，如青少年对父母逼迫他进行治疗感到生气，或父母对青少年感到失望或羞愧。在分析的过程中，相关类别也具复杂性。

三　小结

Swadi（1999）发现近年青少年吸毒的研究越来越重视家庭的影响，这是因为家庭环境、家庭人际关系、父母教养方式和青少年吸毒息息相关。然而，在考虑青少年吸毒的家庭因素时，我们务必考虑各种可能会出现的特别现象。本研究发现吸毒青少年的家庭功能基本上比较差。但是，我们也发现这些家庭也有其优点。他们虽然有消极的情绪表达，但也有积极的互动和柔和的表达。

具体来说，这项研究确定了家庭成员互动的两个主要方向：（1）积极的互动，如家庭成员之中人际互动的表达，包括持续性、体贴的行为和相互帮助的行动；（2）消极的互动，如具有强冲力的冲突、身体的对抗、争论和恼怒。一般治疗前的家庭以及戒毒失败的青少年家庭，总体上都会有较高程度的冲突。相反，成功戒毒的青少年家庭成员则倾向于进行更为积极的互动。

　　这项研究试图从青少年和他们父母的观点中确认家庭人际关系的几个重要方面。这项研究显示，互动和情绪可以有高低和正反之分。这意味着，在不同的康复阶段，无论是互动还是情绪，不同程度的积极情绪和消极情绪可以共存。尽管在青少年戒毒过程中，家庭的互动和情绪可能经受着压力，但他们也可以有正面的交流和能量传递。青少年在戒毒过程中对家庭关系的描述，我们不应忽视这些家庭的优势和正能量。青少年的父母、兄弟姐妹以及其他人之间关系的动态发展，可以成为戒毒过程的重要助力或者关键阻力。为帮助中国青少年戒毒，不同力量，如互动、情感表达和父母的管教等，都是重要的。

第四章　中国吸毒青少年的精神面貌和成长特质

　　在中国，乡镇居民比其他较大的城镇地区居民更为注重家庭伦理（Pithouse et al. , 1998）；中国人也更为顾全他们自身的家庭福利（Leung，1998）。个体的独立，尤其是未结婚的人，其独立意识没有受到与西方社会一样的关注（Leung，1998）。和西方社会不同的是，中国青少年和未婚的青年人和他们的父母住在一起是一种常态，即使在人所共知的住房面积很小的香港也是如此（Li，1991）。既然如此，在矫正问题青少年的行为时，我们不可无视中国的家庭伦理观和有关的居住安排。在香港，研究发现父母的教养方式、家庭结构和亲子冲突与青少年病态行为（包括吸毒在内）密切相关（Shek，1997，1998，2002，2003）。然而，在中国社会中，明显缺少关于家庭成员的参与对吸毒青少年治疗方面影响的具体研究（Mok – Chan，2000）。

　　有证据显示，家庭治疗有助于吸毒青少年戒毒。一些临床试验已经证明了以家庭为本的方法在提高问题青少年治疗的参与性和降低吸毒的有效性方面有一定效果。此外，也有实验证明家庭治疗比其他治疗方法更优越，其中包括团体治疗法、父母教育、多家庭干预法和个体咨询（Liddle & Dakof，1995；Winters et al.，2000b；Sherman，2011）。Cormack 和 Carr（2001）的报告表明家庭治疗可以使家庭成员的能力得到提升，从而帮助青少年参与治疗，并积极投入到治疗的过程中，通过建立家规、调整角色、改变作息、改善关系、发展信念等，建立一种"无毒"的生活方式。

在还没有讨论家庭成员参与戒毒工作之前，我们有必要先了解吸毒青少年的面貌。本章将以 9 个中国家庭为例，勾勒吸毒青少年的面貌，并且描述这些男青年和家人在治疗过程中的互动情况。

一　结构家庭治疗理论背景

本章以结构家庭治疗理论作为分析的框架，它是基于家庭系统理论研发的。结构家庭治疗在青少年吸毒中得到广泛运用和高度评价（Miller et al.，2000）。Kaufman 和 Kaufmann（1992）坚信"结构家庭治疗鼻祖 Salvador Minuchin 看待家庭的方式和他治疗的技术在成功治疗吸毒方面仍然是一个基石"。Stanton 和 Todd

（1982）展示了结构家庭治疗对于治疗海洛因成瘾者的成效，也是家庭治疗对戒毒工作的一个里程碑。他们证明了短期的家庭治疗可以有效地降低青少年的吸毒行为。基于 Stanton 和 Todd 的模型，Fisher 和 Griffiths（1990）在一项研究中涉及了 36 位吸毒青少年，其中只有 6 位在治疗后 6 个月到 2 年的跟进中效果较差。从结构家庭治疗的视角来看，当家庭结构不能应对发育成长中的压力和情境的挑战时，青少年才可能维持吸毒的现状。在疏离的家庭中，其成员间界限比较僵化（rigid），较少有情感支持，家庭成员不能适应环境或者发展中的挑战。相反，在缠结（en-meshed）家庭中，成员间界限比较模糊，家庭成员间的反应过于强烈以及敏感，并且过度干涉和介入彼此的生活，也可能会阻碍青少年身心的成熟和发展，并能降低他们解决自身问题的能力。这一观点所隐含的就是结构家庭治疗的基本假设，即家庭互动模式不能适应他们的生活环境，导致家庭出现问题（Minuchin & Nichols，1993）。经过多年的研究和实践，结构家庭治疗致力于充分挖掘家庭成员以往的经历以便帮助他们理解目前自己如何对待自己和他人（Minuchin et al.，2007，p. 10）。有意思的是，这和 Dare（1979）在 30 年前所提出的观点是一致的，他认为对精神分析的理解可以形成一种对家庭的更全面的认识，他把家庭看成一个当代的、发展的和历史的结合体。这里必须强调的是结构家庭治疗并不否定生理性因素在吸毒方面的重要性，即毒品成瘾的化学性质可以是非常厉害的。此外，经济的、环境的以及个人习性等成瘾因素也是不可抹杀的（Stanton & Todd，1982）。换句话说，结构家庭治疗所关注的是如何改变不能让人健康成长和积极生活的家庭环境、人际互动和消极想法（Aponte & DiCesare，2002）。本书不将各种毒品加以区别，原因是与成瘾的成年人不同，吸毒的青少年通常不具有临床诊断的依赖性，通常也没有因为长期吸毒导致的内科并发症或者其他慢性症状。而且，本书采用系统理论为论述框架，即不强调研究吸毒的因果关系及成因。因此，结构家庭治疗旨在帮助吸毒青少年获得更多的灵活性和力量以打破僵局，并创造一个自由变迁和成长的环境。

本章涉及 9 个案例，是前章所提及研究的另一部分。我们在戒毒中心逐一邀请吸毒青少年和他们的父母参与到家庭治疗中，直到人数足够为止。如果有青少年或者他们的父母不愿意参加，我们就会邀请下一个家庭参与。我们共邀请了 12 个家庭参与此项目，并向他们清楚说明参加治疗的过程和权益、填妥接受治疗的同意书。但其中有 3 个家庭中途放弃。青少年除了享受该中心的常规服务，还体验家庭治疗的干预方法。这些吸毒青少年皆在 21 岁以下，并且和家人住在一起。他们所用的毒品包括海洛因和一些新型毒品，例如氯胺酮和安非他明。基于结构家庭治疗，干预的总体目标在于改变每个吸毒青少年家庭的结构和互动模式，以便支持青少年戒毒。具体目标包括：（1）解决父母间及亲子的冲突；（2）重新协商家庭角色和规则；（3）制定青少年离开中心后的计划方案，比如学习、工作、理财等方面的安排。家庭治疗方案首先评估青少年吸毒对家庭关系的影响，以及了解家庭成员如何应对青少年的吸毒行为。具体的干预手段包括参与（joining）、重新定义问题（reframing）、活现（enactment）、去除三角关系（de-triangulation）、挑战家庭信仰体系（challenging of family belief）等。有关具体干预技巧，将在第六章进一步阐明。

二 从家庭治疗认识吸毒青少年的特质

在家庭治疗接触的实际经验中，我们可以尝试从一个家庭系统的角度，来进一步分析吸毒青少年的精神面貌和成长特质。其中有五个常见的特质。

（一）第一个特质：心理发展不顺利和依赖性强

吸毒青少年似乎在青春期发展过程中存在困难，尤其是在面对学习和工作的挑战的时候。有限的教育水平、不稳定的工作和吸毒的行为，是家人认为他们高不成、低不就的理由。与此同时，这些青少年又倾向于依赖他们的父母和其他家庭成员，获得金钱和实际生活上的日常支持。青少年的"低不就"和他们父母的无条件而持续的支持形成一种互补：青少年无法取得成就，那么家长就会持续为其提供支持；家长越是支持，青少年越无须努力追求突破。这种相互补充逐渐增强了青少年的依赖性，并且限定了父母在其子女生活中扮演的角色。

这些失业和失学的"双失"青少年，成天浑浑噩噩，神魂颠倒，通常一直睡到傍晚才醒来，或者无所事事，或者在街上闲逛，或者在网吧打游戏看视频，或者在公园消磨时间，或者在酒吧、舞厅通宵达旦。有趣的是，他们的父母会继续为他们提供经济支持，这在无意中也养成了青少年依赖性的习惯。

吕奇是一个典型案例。18岁，不具备大多数工作的任职资格。自从他初中毕业后，不曾连续工作超过几个月，最近由于非法贩卖盗版光碟被告上法庭。在介入治疗期间，吕奇正在接受法庭感化令。然而，他依然我行我素，频繁地光顾舞厅。由于相貌出众，他可以很容易亲近女生并进一步发展关系，只是这些关系往往仅持续几个月而已。近几年，吕奇经常触犯法律，但是他的父母总是将他保释出来，并满足他日常的金钱需求，包括他频繁出入舞厅的花费。他其实就是16岁时在舞厅开始吸毒的。他的父母知道他的所作所为，但还是持续给予他经济上的支持，因为他们担心儿子一旦陷入经济困境很可能就会铤而走险违法犯罪。在治疗的早期，我们就开始关注吕奇依赖父母的问题。

（第一次家庭治疗，谈话内容以孩子的独立自主能力为

主题)

治疗师：（对吕奇说）你知道为什么你妈妈觉得你只有
14 岁或 15 岁吗？

吕奇：不知道。

治疗师：（对吕奇说）你想知道吗？

吕奇：当然。

治疗师：吕奇妈，请你给吕奇解释一下好吗？为什么你
认为吕奇只有 14 岁或 15 岁？

母亲：实际上，我和吕奇之间有很多话题可以谈论，他
总是告诉我很多事情，但是他总是将他自己的问题抛给我，
并期望我为他解决。例如"你帮我做……"、"你帮我解决
它"、"我想你帮帮我"等，（对吕奇说）你从未承担起你自
身的责任。

父亲：我们总是帮助他，因此导致他对我们有很大的依
赖性，这别无选择，一旦他踏出这间房子，他除了玩就不会
关心任何事情，也不会想到我们有多辛苦。

母亲：（对吕奇慈爱地问）是这样吧？

吕奇：（微笑着）我不知道。

吕奇治疗的目标之一是使他在执行感化令期间能够变得更加
独立，尤其是找到一份稳定的工作。由于吕奇的父母都对他没有

信心，我们努力让吕奇尝试独立去寻找工作而不让其父母给予他太多的金钱支持。在父母的适当支持下，几经周折和不懈努力之后，吕奇最终找到一份工作，并坚持了下来。

（二）第二个特质：家庭成员间的持续性冲突

许多吸毒青少年的父母都经历过婚姻的不和谐和不美满，他们往往在教养子女方面也不能好好地合作。当家庭出现婚姻问题时，长期未能解决的经济和家庭纠纷、夫妻抱怨、不能相互支持和理解，都加深了夫妻之间的敌意。

由于婚姻问题，父母常常很难有效合作来解决青少年的吸毒问题，这也致使青少年吸毒问题一直得不到解决。缺乏合作，也加大了父母在帮助青少年处理毒品问题方面的困难。

张文的父亲自从 7 年前得了原因不明的慢性肺病后，母亲就没和他父亲讲过几句话。张太太抱怨自从丈夫病后所有的家庭负担都落在她一人身上。张先生认为妻子严重地排斥和鄙视他，影响了他在家庭中的角色和地位，也影响到他阻止儿子服用海洛因所做出的努力。张太太争辩张先生不仅身体太弱不能参与家庭生活，而且对儿子的整个状况也不太了解。因此，她拒绝让张先生参与任何家庭事务，包括解决儿子吸毒的问题。然而，张太太却感到孤立和无助，尤其是在引导儿子走向正轨、处理儿子无理的要求等方面更是无能为力。张先生和张太太都感到很失败，既对彼此感到失望，在处理他们儿子的问题上也感到力不从心。因而治疗的目标之一就是让张氏夫妇合作，一起来帮助他们的儿子。

（第五次家庭治疗，在张家进行，焦点在张氏夫妇管教孩子的协调方面，张文不在场。）

治疗师：但是我有不同的观点，我认为你们夫妇两个都需要和你们的儿子谈谈，换句话说，张先生有两个任务。第一，选择在适当的时候告诉张文。第二……

母亲：我明白你的意思！他告诉张文他该做的事，但也得让我知道，以便我也可以告诉张文，这当然很理想。

治疗师：在这种情况下，张太太可以减轻负担，因为张先生可以帮你，你觉得这是否可行？

母亲：希望吧。

治疗师：这个愿望会不会太牵强？

母亲：不，这有可能实现。我会指导张文，而他也会说说张文。

治疗师：（对张太太说）那么，你会将你对儿子的了解和看法告诉张先生吗？

母亲：当然了。

治疗师：（对张先生）你相信她会告诉你吗？

　　父亲：现在可能会，但是以前没有过。

　　母亲：我以后会告诉你的。让过去的就过去吧！

　　治疗师：你确定？因为你以前从未这样做过。

　　母亲：是的，虽然我以前从未告诉过他任何事，但是我以后会告诉他的。

　　治疗师：你确定？

　　母亲：当然。

　　治疗师努力拓展了这对夫妇对现实状况的看法，即张先生虽病弱仍能参与管教孩子，并努力改变以往张先生被排除在家务事之外的模式。有了先生的支持和协助，张太太的负担相对减轻。夫妇可以一块努力来帮助和管教他们的儿子，因此可以打破儿子操纵母亲的模式，让这对夫妇共同携手合作不是一件轻而易举的事，需要一番努力，但并不是难以实现的任务。

（三）第三个特质：缺乏冲突解决方法

　　家庭中存在冲突并非坏事。相反的，通过冲突可以促进家庭寻找新的解决问题的途径，家庭成员步入不同的发展阶段，家庭成员之间的冲突也有助于促进个人的成长，尤其是有青少年的家庭。换句话说，问题的关键不是冲突本身，而是家庭成员处理冲突的方式。

观察本次研究中这 9 个家庭的互动模式，发现其成员间的冲突通常是怀有敌意或消极的，在冲突过程中，他们也不善于表达自己的观点和情绪，这都削弱了他们处理分歧和解决困难的能力。结果，家庭成员很少协商，即使有的话，也往往不能达成一致，无法妥善解决问题。

李俊在 14 岁的时候开始吸毒，在长达 4 年的时间里，他的父母并没有意识到李俊在吸毒，尽管他们对儿子的反常行为感到奇怪，例如他把自己锁在自己的卧室，整夜不睡觉等。他们把这些归因于李俊对学习感到焦虑。李俊 14 岁的时候，无意中发现父亲有了婚外情，他因父亲背叛了母亲而憎恨父亲，然后生活在持续的恐惧中，因为他怕母亲会自杀。尽管那次风波平息了，但李俊还是不能相信他的父亲，一直担心他的家庭会解散。父子之间在此后长达 4 年间很少说话。李俊 16 岁那年，致使一个女孩怀孕，但是那女孩的父母选择堕胎了结这段关系。尽管大家都没有再讨论此事，但李俊经常做噩梦，梦到婴儿的灵魂不断地困扰他。李俊在家的时候大部分时间都和妈妈在一起，下了课就回家。但是他很容易被激怒，尤其在意母亲过分的叮嘱。母亲不断的唠叨使他感到心烦意乱。李俊的母亲经常担心在外地工作的丈夫，时常觉得自己实际上是个单身母亲，自己一人在照顾整个家庭，而且李俊日益下降的健康状况也让她不能分心做其他事情。李俊经常关注母亲，以确保她没有事，同样，母亲也会关注李俊以确保一切正常。然而，他们彼此没有谈论太多困扰他们的问题，也不让对方知道自己所经受的焦虑。甚至过了几个月或多年以后，他们的问题还未得到解决。在第五次治疗时，治疗师邀请李俊的父亲和哥哥来中心讨论李俊隐藏了 4 年的秘密。

（第五次家庭治疗，这是李俊第一次让父亲知道他发现父亲有婚外情。父亲十分惊讶李俊知道此事，并怨恨了那么多年。）

治疗师：（对父亲说）我认为需要做出一些新的安排，尤其是在保卫你的婚姻方面。你想让你儿子不再照顾你妻子吗，尤其是当你不在身边时？

哥哥：实际上我妈妈是一个依赖性非常强的人，如果她不和李俊在一块，那么她将会和我在一块，况且，我弟弟也非常依恋她，情况比较复杂……

李俊：我们是相互依赖。

父亲：是的，我同意，他们彼此非常依赖对方。

治疗师：你认为这种情况会持续下去吗？

李俊：不，我觉得不管发生什么只要你能照顾母亲就行，只要你能遵守承诺。（哥哥开始哭起来）

治疗师：什么承诺？

父亲：我（以前做出的）承诺，我当然会……

李俊：不管发生什么……（李俊开始泣不成声）

父亲：你可以完全放心。

（长久的沉默）

治疗师：很多年了，你们都背负了很重的负担。

父亲：是的，过去几年里，李俊背负的负担最重。

治疗师继续帮助李俊释放他的恐惧和焦虑，即他所担心的由于父母间动荡的婚姻关系可能会造成家变，他第一次公开吐露他的这种担心，并把心结解开。俗语说得好，解铃人还须系铃人。家庭的问题，务必要由家庭成员一起来解决。

（四）第四个特质：模棱两可的亲子关系界限

模糊不清的家庭成员关系往往不能有效促进青少年自主性的发展。有的家长过于放纵孩子，对孩子过于溺爱，这会阻碍青少年培养独立性和责任感。另一些家长则与孩子的关系过于疏离，这也会削弱家长有效约束孩子的能力，包括对吸毒行为的约束。一般青少年和母亲较为亲近，和父亲较为疏远，从而父母双方都在不同程度地影响青少年持续吸毒。

亲子系统界限模糊的问题在于侵犯青少年的个人成长空间，典型的例子出现在本研究的 8 个家庭中。父母中的一方试图控制青少年生活的各个方面，当青少年独自在房间里或离开家时，该家长就会感到焦躁不安，甚至孩子去洗漱时，家长也会感到焦虑。家长不停地询问他的活动和行踪的问题，并检查他的橱柜，因为该家长总是担心孩子出事或吸毒。青少年虽然也经常抗议父母的侵入性监督，但由于父母仍旧给他提供情感和金钱的支持，并在吸毒、戒毒过程中锲而不舍，孩子对这种介入只有默默接受。过度亲密的亲子关系往往发生在妈妈和青少年之间，也通常会因和父亲之间的关系疏远而增强与母亲的联系，父亲通常被认为在家庭中的地位是次要的，或是过于严格和不解人意的严肃人物。

在一家姓王的亲子之间就存在这种不适当的亲子界限。王太太对于她的儿子王欣事无巨细都得知道，然而，王先生很少过问孩子的事情。当出现问题时，王太太一般会有激烈的反应。例如，王太太常常会向法庭投诉治疗中心不了解王欣的情况，服务没有提供到位等。王太太和王欣过分亲密的关系也呈现在王太太持续不断给予王欣金钱支持中，这无意中使他的吸毒行为更为严重。只要王欣继续依赖他母亲的无条件支持，他就无须学会承担更多的责任，也无法建立面对未来的信心，这也是不断困扰王欣的一个心理发展问题。尽管他没有对他父母表现出明显的敌意，但事实是他和父亲的关系越来越疏远，联系也较少，无意中又更加依赖母亲的持续支持，这有意无意间助长了他的吸毒行为，也加剧了父母间的意见分歧和消极性。为了避免家庭矛盾加剧，王先生对家事采取不干涉的态度，而这进一步导致他在家里的无力局面。

（第一次对王先生、王太太进行治疗，王欣不在场，谈话内容重点围绕在父母和孩子的亲密和疏离方面。）

治疗师：我有点好奇，王先生你能告诉我为什么母亲和儿子关系如此亲密吗？她对你和其他孩子也这样吗？

母亲：（不等王先生回答，抢着答道）王欣和我特别亲近。

治疗师：王欣和你特别亲近？为什么？

母亲：我也不知道。可能是因为在他小的时候就有很多问题让我处理，另外，我想主要是我造成了这种结果。

父亲：王欣小的时候经常生病，所以她对他照顾较多。她是一个尽职的母亲，但是我想她做得有些过头，她为王欣考虑得太多。

治疗师：你们谁对王欣考虑的多些，母亲还是父亲？

母亲：当然是我啦……王欣总是形影不离地跟着我，甚至在他十二三岁的时候对我还有较大的身体上的依恋。

通过对母子过于亲密的关系和王先生在管教儿子较少参与的集中讨论，治疗师尝试促进夫妇之间更好地合作，同时强调母亲有必要少插手儿子的事情，以便让儿子承担更多的责任。治疗师也请他们考虑一下如果两人在帮助王欣戒毒方面不合作的话会出现什么后果，还让他们反思一下以前在处理王欣的事情时所取得的成功和失败之处，并真诚地赞扬了他们以前合作时所取得的成就。王太太最终能够在面对王欣的无理要求时学着置之不理，并让王先生参与其中，并在必要时以较为坚决的态度对待王欣。第六章会进一步分析此个案。

（五）第五个特质：接二连三的危机

所研究的 9 个家庭中，有 8 家被无序事件所困扰，例如父母或者有精神问题，或者因生理问题住院；青少年本身也经常出事，不是触犯法律，包括使用暴力、偷窃，就是失业、失恋、失学，更常存在过量吸毒导致死亡的危机。而且常常一个危机接着一个不断循环。危机的出现经常会产生一种向心力将家庭成员联系在一起，然而，这需要家庭所有成员参与并付出大量精力，这也会转移他们处理个人发展的问题和需要。

再用一个案例来说明。有个姓宋的家庭就是危机连连的典型例子。宋太太患了精神衰弱症，大约每半年都会严重病发入院。宋先生频繁地在外拈花惹草也使她的心情大受影响，这点宋先生没有否认或承认，因此他们不断地争吵打骂。他们的儿子宋思在 15 岁的时候被指控犯了谋杀罪并被判处 3 年监禁，在他从监狱释放后的 3 年中，他一直在吸食海洛因。在接受家庭治疗的过程中，这个家庭的危机持续不断，其中有一次是宋先生和宋思在关于出院后生活的安排方面意见不一致，这导致宋思威胁要提早离开治疗中心。

（第二次家庭治疗，讨论焦点在宋思离开治疗中心后的生活规划。）

母亲：好了，宋思，我想听你说一下你想要什么？

宋思：不，我觉得我们现在没有什么好谈的。

母亲：你想离开中心还是在里面多待些时日？

治疗师：宋思似乎想要放弃。

母亲：（开玩笑地）他有时看起来像个小孩，来吧，宋思，你也不小啦！

父亲：有时他认为他只是个两三岁的小孩。

母亲：有时他又看起来比较成熟。

治疗师：是的，刚才他和他父亲协商并表达他的需要时他表现得像一个成年人。

父亲：这得看什么样的环境……（站起来想走）

治疗师：李先生，请你坐下吧，先别离开。

宋思：（对他父亲平静地说）我觉得你不了解我的感情。

父亲：（大声地）我不了解你的感情！我刚才还平息了

你母亲的情绪……

治疗师：李先生，先让宋思讲讲，听听他的看法，好吗？

宋思：就拿上次来说吧，你让我在餐厅干活儿，可我干不了那活儿，你总想着钱。

父亲：（大喊）那么，你不干活儿哪来的钱？

这次治疗火药味颇浓，并伴随着叫喊和高度紧张的情绪，也没法针对相关问题提出任何解决措施。宋思的父亲最终还是中断了谈话，走出了治疗室。宋思也威胁说要提早终止他在中心的治疗。值得庆幸的是，他在冷静之后，还是完成了即将结束的治疗。出院后宋思回到了家里，3个月后才找到一份工作，并坚持了好几年。然而，宋先生在宋思戒毒一年后，在工地上意外死亡，宋太太依然不时地住院，但没有以前那么频繁了。

三　青少年眼中的家

Minuchin 曾经形象地说过："家是一个万花筒，要呈现家庭故事可以有两个方法：一是平白、直述的叙述；一是跌宕起伏、有血有肉的戏剧。"（Minuchin et al.，1996）要想简单描绘吸毒青少年的家庭情况是比较困难的，因为这些家庭表现了多种不同的维度和动态的变化。

吸毒青少年又如何看待他们的家庭呢？在问了戒毒中心 34 位吸毒青少年后，下面总结他们如何看待其与其父亲和母亲间的关系。

（一） 积极的情感

如表 4 - 1 所显示的，大约有 1/4 的青少年在开始治疗时说他们家庭成员间的关系很好，有的甚至还相互开玩笑，入中心前感觉自己是来自一个幸福的家庭。在这些案例中，关心和关注是最容易表达的。例如，小文（N39）讲述了他的家庭成员是如何坚持守护在他身边的，尽管他吸毒，对他也不离不弃。

表 4 - 1　入中心前积极的情感方面

关　　系	分类/描述	N = 34	%
总　　体	关怀和关注	9	26.47
母子关系	互相关心和尊重	10	29.41
父子关系	赞赏父亲的意见	6	17.65

注：每个青少年可能会给出超过一种的反应，因而，在本章图表中的频数统计值并不必然与参与者的人数相符。

当我想到仍然有家人对我很好时，我感到很幸福……

（N39）

　　大约有 1/3 的青少年认为他们和母亲是相互关心和尊重的。在这些案例中，青少年说他们比较听从母亲的意见，关心母亲的情绪，他们也彼此相互关心、关爱，相互体贴。有一个青少年小伟（N03）提及在他戒毒过程中对母亲的关心。

　　　　我不想让我的妈妈太担心，因为她是唯一一个能够替我保守秘密的人。（N03）

　　我们不难发现，青少年在开始治疗前，往往会对家庭成员，特别是母亲和兄弟姐妹有温柔、积极的情感。但是，较少有青少年会与父亲有积极的情感。

（二）消极的互动

　　将近 2/3 的青年反映，他们在进入中心前家庭互动是紧张并充满冲突的，如表 4 - 2 所示。

表 4 - 2　入中心前的消极互动

关　　系	描述/分类	N = 34	%
总　　体	紧 张 和 冲 突	21	61.76
母子关系	紧 张 和 冲 突	14	41.18
父子关系	紧张和缺少理解	8	23.53
兄妹关系	冲突和不信任	4	11.76

家庭成员间的紧张和冲突包括频繁的争吵、打骂或者经常使用批评性的语言、责骂、唠叨，家庭成员经常对彼此感到恼火。小雄（N02）在受访时讲述了他父亲与哥哥之间的争吵给他造成的影响：

> 我哥哥以前很恨我爸爸！我爸爸也很恨他，经常因为一点小事而打起来！每当我爸爸喝醉时，他就会打我哥哥。我哥哥越反抗，我爸爸就会越打他。我爸爸就像疯了似的拿着棍子打他，他太不理性了。我哥哥试图保护自己，但是无济于事，直到我妈妈出面干涉阻止打骂，我爸爸才会住手。如果你在那里，你准会吓哭，我是被严重吓坏了的。（N02）

约1/3的青少年说他们和母亲的关系也有冲突和非常紧张，这主要是他们和母亲在处理情况和问题时意见不同所致。而且，这些青少年不愿意和他们的母亲讲话，因为他们觉得他们的母亲爱唠叨或者对他们不信任，母子间情绪爆发、冲突、争吵是经常被提及的。小柯（N17）列举了一个他和他母亲的例子：

> 我会回答她！但有时她老是问的话就会很恼火！（N17）

将近1/4的青少年发现他们和父亲的关系较为紧张，并缺乏理解。换句话说，青少年通常认为他们和父亲间的关系不融洽，正如小肖（N41）所描述的。

我们确实打起来了！……即使是在饭桌上，我总是尽量避开他，包括在一些节日庆典时，甚至在吃年夜饭时，我也避免和他一块儿吃饭，所以我从不和他一块儿参加婚宴。（N41）

（三）积极的互动

表4-3　入中心前的积极互动

关　　系	描述/分类	N = 34	%
总　　体	较好、一般、亲切	10	29.41
母子关系	积极沟通（交流）	5	14.71
父子关系	能够和父亲交流	2	5.88
父子关系	交流较少	17	50

如表4-3所示，有1/3的青少年认为他们的家庭关系可算是"一般和亲切"，正如小邝（N47）所描述的那样。

与家人的关系一直都很好。（N47）

然而在34个受访对象中，有5位反映他们和母亲能够积极交流，而和父亲交流的人寥寥无几，有一半的青少年说他们和父亲的交流很少。这在小萧（N23）的简单描述中可以看出。

我父亲在外地打工，因此我们很少见面，我感觉他没有

尽到做父亲的职责，没有承担起应有的责任。（N23）

从整体上来看，吸毒青年所描述的他们接受治疗前的家庭关系充满了消极的互动和情感。综观报告，母子间的关系是矛盾的，因为既包含冲突又包含关心。至于父子关系，青少年觉得和父亲联系的方式存在最不积极的情感和互动，许多吸毒青少年和他们的父亲之间基本上是疏离的。简言之，吸毒青少年和他们家人之间的关系是复杂的，既表现出冲突和紧张的特征，又存在对彼此的关心和关注。这和第三章中青少年比父母对家庭关系看法更消极是不谋而合的。

四　小结

Chen 等（1998）声称家庭对青少年的失范行为有很大影响，特别是父母的温暖、父母和青少年间的冲突和父母的管教都会对青少年的失范行为产生影响。在此方面，美国的青少年和中国的青少年具有惊人的相似性，尽管各国和地区在社会、经济和政治体制方面有极大的不同。然而 Brown 等（2004）反对这种用跨越种族的预测对本质做出的概括。从家庭治疗的角度去了解家庭时，Minuchin 等（1996）一方面强调所有的家庭都有相似的地方，治疗师有必要寻找家庭共性；另一方面他们又认为所有的家庭是不同的，尤其是具有不同文化背景的家庭，必须逐一去了解、探索。

　　Stanton 和 Todd（1992）声称，吸毒者的家庭通常表现出 6 个方面的特征：（1）面对压力时不具有建设性的应变能力；（2）不尊重吸毒者；（3）家人感到无能，或者把吸毒者的问题归于外因（同龄群体、邻居）所致；（4）吸毒者的吸毒问题是所有家庭问题的核心；（5）吸毒者通常被家人过度保护，并把他当作一个无助和无能的人；（6）毒品被看成是一种无法抗拒的全能力量。本文分析的主题验证了 Stanton 和 Todd（1992）所提出的观点。然而，和吸毒青少年的家庭工作是一个巨大的挑战，尤其是在平衡青少年成长独立和尊重父母的权威之间时。这在中国家庭中比较突出，他们倾向于避免人际冲突，寻求人际和谐。

　　Shek（1999，2000b）发现，在中国家庭中，可以根据父亲和母亲夫妻关系的质量预测青少年的心理健康状况。而且，尽管通常父亲与子女的关系较疏远，但是父亲对青少年心理健康的影响力可能并不次于母亲。所以说，我们有必要再次强调中国家庭中不同家庭成员的角色。在中国家庭中，母亲往往比父亲更关心孩子的日常生活，而父亲由于长时间工作和青少年的联系较少（Yau & Smetana，1996）。而且，在中国家庭中，母亲更为慈祥、亲切、温柔和宽容（Ho，1987；Shek，1995）。中国青少年认为他们和母亲的关系比他们和父亲的关系更为亲密、积极，这也和西方社会所表现的相一致（Shek，2000a）。Winters 等（2000a）对一系列青少年吸毒行为和后果分别做了药物临床报告后，对他们的母亲也做了相关报告，在比较两份报告时发现，母亲和孩子能在78%的程度上就毒品使用量达成一致。然而，当问母亲关于孩子更多吸毒的细节时，情况就和青少年的报告有颇大的出入。结合本研究的结果，这至少有两层含义：（1）在某种程度上说，母亲就青少年戒毒问题比父亲更有帮助，也更了解详情，因此，母亲参与治疗是非常重要的。（2）母亲在帮助青少年方面的认识和能力是有限的，因此，需要更多的资源来理解和帮助青少年，例如父亲或兄妹等的帮助是必不可少的，这也可以防止母亲负担过重。在康复过程中，化解有关母亲与青少年之间矛盾的关系可能是关键的一环。

从文化视角来理解中国家庭关系和父母角色的差异固然重要，但我们必须留意将责任推卸给母亲的问题。Ho（1998）曾经思考中国心理治疗的一大问题："治疗师是否准备好在有必要时去挑战根深蒂固的中国文化？"心理治疗、家庭治疗的目的在于创造更多的可能性及机会，让人成长。若有必要改变让人停滞不前的环境和文化，治疗师应该当仁不让。

第五章　家庭治疗与青少年戒毒

一　家庭治疗与青少年戒毒相结合

Ross（1994）主张，积极的家庭参与是有效治疗青少年吸毒的基本要素之一，父母的参与尤其关键。许多治疗评价表明，家庭成员的加入会减少青少年重复吸毒的风险，而且有更好的预期效果（Miller，Alberts，Hecht，Trost，& Krizek，2000；Rowe & Liddle，2003）。以下将罗列国外为青少年吸毒治疗的各种方案，并进一步讨论邀请青少年家人加入治疗的必要性。

（一）个体化治疗

应用到青少年戒毒时，个体化治疗（Individual Therapy）主要侧重于教导青少年改变他们吸毒的陋习并养成健康的生活习性。其中以教授应对技能和策略为主，如抵抗朋辈群体的引诱、压力管理、情绪管理、沟通、解决问题、增加自信、自我监督、自我控制以及发展积极正面的社会网络。

　　然而，Gonet（1994）认为一个辅导人员不能只与吸毒青少年单独工作。他认为，为了充分利用这些青年人身边的"重要人"资源，尤其是他的家人，个体化辅导可以作为小组工作、家庭治疗及互助团体的辅助手段。Bukstein（1995）认为家庭对青少年戒毒康复的影响是至关重要的。因为青少年通常仍然需要依靠家庭经济、情感、精神等方面的支持，而且家庭对青少年生活各方面的影响是无法避免的。Latimer，Winters，D'Zurilla，和 Nichols（2003）基于生态、社会学与结构家庭治疗模式，发展出一种综合家庭与认知行为的治疗方法。他们发现这种综合治疗模式是治疗青少年吸毒的一种有效的方法。

　　（二）小组治疗

　　大半个世纪之前，Pfeffer，Friedland，和 Wortis（1949）认为小组治疗（Group Therapy）比个体化治疗更具有优势。小组治疗容易在治疗过程中产生同侪压力，而这通常促进成员行为的改变，以及减少拒绝成瘾与人际交往的困难。治疗理想的结果常常与通过小组成员与领导者的联盟来协助减少焦虑有关。不过，家庭成员却具有小组成员所不能代替的独特作用。家庭成员更有利于促进与加强治疗的目标，毕竟血浓于水，与吸毒青少年的亲近关系让他们更能意识到这些青少年心理与情感的动机。另外，家庭成员也较能够有效地了解青少年所接触的社区环境，提供有针对性的援助来帮助这些青少年度过高危时期。这对于青少年，尤其是离开戒毒中心返回社区的人群是非常关键的。家庭成员的参与能更有效地支持吸毒青少年并监督他们以应对复吸的风险因素。

Malekoff（1997）认为青少年小组工作可能对吸毒起着反作用，例如物以类聚、交叉感染，因此帮助吸毒青少年时务必倡导和他们的父母建立工作联盟的实践原则。这包括协助吸毒青少年与其家庭调解和建立关系，进而让青少年变得更加独立。认识到青少年吸毒的许多风险因素与家庭结构有关之后，Springer 和 Orsbon（2002）开办了一个多个家庭的治疗小组（multifamily therapy group）来支持这些青少年与其家庭度过戒毒的阶段。

（三）治疗社区

治疗社区（Therapeutic Community）是一种持续 6～24 个月的长期住院式戒毒康复项目的原型。近年在中国戒毒劳教领域开始启用。大多数治疗社区是高度结构化、高度纪律化的院式戒毒设施，具备一系列清晰明确的行为规范和规则。治疗社区适合那些因吸毒已经造成生活功能严重失调的人，以及那些被移交刑事司法系统处理治疗的吸毒者，他们的家庭功能一般都已经失调了。传统的成人治疗社区往往只需要家庭承担起很少的责任，但是，大多数针对青少年的治疗社区则尝试从一开始就紧密联系家庭、让家庭成员参与康复治疗工作，包括电话联系、家庭探访、家庭野餐、家庭小组、家庭治疗会议以及家庭工作坊等。

Richardson（2003）认为系统理论与治疗社区是密切相关的。因为系统理论提供一个分析成员和其环境互动的框架，并提供了一系列具体、有力的治疗干预工具。毕竟，青少年在离开治疗社区后，最终还是回归到他们的父母或者其他监护者身边。Pooley（2003）重申治疗师与原生家庭或者寄养、收养家庭建立伙伴关系非常重要。Weidman（1992）发现，将结构家庭治疗与治疗社区服务结合能够明显降低青少年在治疗社区中的退出率。总而言之，青少年一般会回到自己的家庭，因此强化家庭成员的支持是事不宜迟的。

（四）互助团体：12 步计划

互助团体在英、美、澳、欧等地区可说是最主流的戒毒服务之一。Myers 和 Brown（2000）发现吸毒青少年离开戒毒中心或出院后参加 12 步计划（Self Help：12 - Step Programme）有助于他们减少日后吸毒的机会。然而这种 12 步计划应用到青少年时却有它的局限性。

当青少年参与这 12 步计划时，必须先"迈出第一步"，即要求他们承认自己已经被毒品俘虏了，已经无力抵挡。这可能有给青少年错误贴"标签"的风险。毕竟，与成瘾的成年人相比较，大多数青少年吸毒的时间较短。而且，这也会引导他们身边的人、朋辈与工作人员，促使青少年承认自己已经成瘾，如果他们不承认的话就会被指责是处于一种否定、不合作的状态。Lawson（1992）担心12步计划的治疗方案倾向于强调吸毒是罪魁祸首，有意无意忽视其他问题和因素，包括朋辈的不良影响、复杂的家庭环境和层出不穷的环境问题。另外，接受治疗的青少年动机往往不同于成年人。青少年很少主动寻求戒毒治疗。相反的，青少年常是由于学校、法庭或者家庭成员的多种原因而被强制接受治疗的。Simkin（1996）也提醒在运用12步计划时需要考虑到青少年的心理发展需求，12步计划的疗程中有一部分未必是青少年可以承受的挑战。例如，在12步计划中成年"赞助者"（或称"过来人"）在带领青少年方面发挥重要的作用，但是他们也可能会给青少年制造难题。即使赞助者本身有吸毒经验，但是青少年或许仍然不能认同他们的成年赞助者。另外，青少年可能成为这些成人组员的剥削目标。有时这种剥削的现象被称为"第13步"（DuPont，1996）。相反的，当赞助者本身是青少年时，他们通常缺乏足够的生活经历来指导其他青少年。家庭成员的加入可能是理想的一种替代方案。家庭介入青少年戒毒治疗是一个成功关键已经众所周知。

Andre，Jaber – Filho，Carvalho，Jullien，和 Hoffman（2003）报告说，在应用 12 步计划进行家庭治疗后，青少年能尽早接受治疗会提升他们完全停止吸毒与重返社会的概率。在一项调查青少年吸毒的长期康复的文献回顾研究中，Margolis，Kilpatrick，和 Mooney（2000）发现 12 步计划、家庭治疗与其他因素对于长期康复有帮助。需要重申的是，这种治疗方法必须顾及青少年年龄以及其尚未独立的状态，尤其是他们与其家庭的关系。

（五）家庭治疗

大量证据显示家庭疗法对治疗青少年吸毒是有效的。通过回顾对照的临床实验，Liddle 和 Dakof（1995a），Waldron 和 Slesnick（1998）总结：家庭治疗在促使青少年参与和坚持治疗，以及减少其吸毒方面，要比其他疗法更有效。在对有关吸毒的家庭疗法的效果分析中，Stanton 和 Shadish（1997）发现家庭治疗对成年人与青少年同样有效。一些临床实验（Henggeler, et al., 1991；Joanning, Quinn, Thomas, & Mullen, 1992；Liddle & Dakof, 1995b；Winters, Stinchfield, Opland, Weller, & Latimer, 2000）已经证明以家庭为本的疗法在加强青少年案主参与治疗与减少吸毒方面具有有效性，同时发现家庭治疗优越于其他一些治疗方法，包括同辈小组治疗、父母教育、家庭小组治疗以及个体辅导。

　　家庭成员的介入是如何帮助吸毒的青少年呢？Carr（2000）总结出，家庭治疗法可以提高家庭成员的能力以支持青少年接受治疗，以及继续致力于治疗，并且重整家庭规则、角色、互动、关系与信念，以支持一种没有毒品的生活模式。Friedman（1990）从他长期的临床经验与研究中总结到，家庭治疗在影响吸毒青少年与父母的关系中尤其有意义，而这会进一步帮助改变青少年的吸毒行为。Schmidt，Liddle 和 Dakof（1996）发现多维度家庭治疗在改善亲子关系与减少青少年吸毒之间有显著的相关性。

　　家庭成员的参与和投入是吸毒青少年治疗的要诀已经有证据证明。然而在亚洲地区，尚未有系统地运用家庭为本的治疗方法来帮助吸毒的青少年的案例，也有待积极邀请吸毒青少年的家人加入治疗（Mok‐Chan，2000）。

二　在中国地区应用家庭治疗的经验

　　香港青少年服务在应用家庭治疗方面初报良好效果的有帮助离家吸毒青少年出走（Wong，1994）、企图自杀（Yip，1994）以及患厌食症（Ma，Chow，Lee，& Lai，2002）的青少年。尽管在过去的三四十年间家庭治疗在香港已经盛行（Li，1999），但是至今少有研究运用家庭治疗去理解和治疗吸毒青少年的。

继上一章，这里笔者和 9 位青少年在家庭治疗之后进行个别访谈，探讨他们对家庭治疗的看法。此外，笔者也邀请负责这 9 位青少年的社会工作者参加焦点小组讨论，探索家庭治疗在青少年毒瘾治疗中的作用。社会工作者在为青少年服务时主要采用以个人为主导的介入方法，但往往不遵循一种特定的模式。尽管他们已经认识到家庭系统化介入的益处，但是由于缺乏培训与经验，社会工作者很少为这些青少年与其父母举行家庭会议，遑论家庭治疗。

（一）青少年与其家庭成员的变化

从青少年个人访谈和与社会工作者的焦点小组讨论可以得出关于青少年及其家庭成员变化的三个主题：（1）家庭治疗改善家庭成员之间沟通与互动模式；（2）家庭治疗增进青少年与其家庭成员对事物的了解；（3）青少年尚未准备好改变或与家人分享。

1. 家庭治疗改善家庭成员之间的沟通与互动模式

接受家庭治疗的 9 位青少年中，有 6 位指出家庭疗法帮助他们增强了家庭成员之间的理解与沟通。比如，小祁声明，对他来说坐下来与父母一起讨论家里的困难是种全新的体验。

因为我们从来没有一家人坐下来谈话。我觉得好舒服啊。我们真还没有试过这样平心静气坐在一块儿聊天，而且还谈了那么久。这是一种新体验。（小祁）

和笔者配合与青少年一起工作的社会工作者也证实了这点。他们注意到通过家庭治疗后，青少年和家庭的沟通模式有了积极的变化。例如，其中一位社会工作者声称治疗中家庭成员能更富成效地解决敏感问题。

我注意到他们以往在开始谈论毒品问题时就是争吵。要不然就是单方面说话，如母亲喋喋不休地责骂，而孩子就不吭声。然而如果有一位家庭治疗师知道如何促进他们之间的沟通，他们就会冷静地讨论敏感问题，并让青少年和家人开始更好地相互理解。当家庭成员自己讨论问题时，他们通常不会真正理解对方，不能听到大家是怎么想的，通常各说各的。也就是说，如果有一个治疗师协助平衡家庭成员之间的互动，让家庭成员有机会说话，彼此可以了解多一点，这将使沟通变得更有效。（社会工作者 C）

其中有些接受家庭治疗的青少年感到这种疗法有助于减少其与家人的紧张和冲突。他们中的一位谈到如下一段话。

老实说，我感觉当我们一家人围在一起谈话时，有时并不是在解决我的问题，而是在解决他们（父母）的问题。但是当他们的问题解决时，也会对自己产生影响，对吧？这意味着谈话的主要目的是处理他们的问题。否则，对我的影响也会很大。对不？（小姚）

此外，社会工作者感到家庭治疗有助于改变一些家庭的互动模式，尤其能够帮助青少年变得更加独立，以及父母更加坚定地对待青少年。

各方面似乎都配合得比较好。当他的母亲试图过分控制或依附他（青少年）时，他学习用其他方法来应对。如他（青少年）会联系他的同事啊，或者当他得到薪水时，他又开始有自己的想法，有一点自己的计划。（社会工作者B）

鉴于家庭治疗能改善家庭的沟通和互动模式，社会工作者进一步阐述了家庭成员介入青少年戒毒有助于解决具体问题，并且能够引起青少年与其家庭成员开始有所改变。

如果在治疗过程中让家庭成员参与，通常会帮助你更有效地解决有关问题。而且，一旦家庭成员对青少年的吸毒有较深的了解，他们会更有方法帮助青少年去改变。（社会工作者A）

2. 家庭治疗增进青少年及其家庭成员对事物的了解

在社会工作者的两个焦点小组的讨论中，重点发现家庭治疗有助于增进青少年及其家庭成员对事物的了解。家庭治疗还有助于他们更好地相互理解，增加他们对青少年吸毒与家庭关系之间可能联系的认识。

> 他（父亲）开始时担心儿子接受治疗会半途而废，又担心治疗后不知道儿子会变成什么样。直到最后，我意识到家庭疗法帮助并改变了这位父亲。他明白了他必须学会信任自己的儿子。在家庭治疗会议后，他开始发现作为人父，他需要做些什么了。（社会工作者 E）

9 位青少年中，7 位报告他们在家庭治疗之后感觉自己思想更加成熟了。他们感到了自己生活方式有所变化以及觉得自己更加健康。青少年觉得自己思想更加成熟的例子如下。

> 我认为这次治疗改变了我的个人价值观。（小姚）
> 我怎么改变？我想是更加注意思考！不同的是我过去常常把行乐放在第一位。现在我在行动之前学会思考！（李俊）
> 这大大改变了我对生活的态度！我现在很明确对生活的

价值观！（张文）

3. 青少年尚未准备好改变或与家人分享

小佳是唯一感到对家庭治疗难以接受的一个。这位年轻人感到困难是因为他离异的父母之间关系紧张。

> 我的爸爸妈妈非常介意两个人坐下来谈。因为他们彼此不希望对方知道自己的事。（小佳）

虽然大部分社会工作者认为家庭治疗能够帮助青少年与其家庭成员改变，但是其中也有一名社会工作者觉得家庭治疗在改变青少年的吸毒模式或者家庭成员间互动模式上是没有效果的。

> 在儿子回到家中后，他的父母继续使用原来的方法。看来，这些方法似乎已经根深蒂固。治疗的效果很小，也许他们需要更多的时间来改变。（社会工作者 G）

（二）社会工作者加入家庭治疗的经验

社会工作者在评论他们与治疗师一起工作的经验时，觉得治疗师应用系统学作为理论框架，给他们提供了一个有用的框架来解释吸毒青少年及其家庭成员的关系，尤其是为评估或者介入提供了明确的方向。

　　我认为其中最重要的区别在于治疗师工作时，会谈的目的十分清晰。但是，如果我自己去做的话，可能在我脑子中好像有什么东西，却不能清楚地说出来。我会谈谈这、谈谈那，然后案主提出某个问题，我又会跟着探索。可是与家庭治疗师工作时，他会非常明确应该传达的信息。（社会工作者 H）

社会工作者也指出家庭治疗师也涉及更多相关层面和人物，包括家庭成员、医生、司法人员等。

　　现在我们要联系父母。我们会将他们纳入许多不同的方法中。我觉得会有更大的相关性，因为父母在场，治疗师会为了处理许多不同的问题而最终涉及他们。这也更灵活。（社会工作者 E）

然而，社会工作者常常指出应用家庭治疗时的一些潜在的困难，特别是考虑到青少年与其家庭成员准备公开地表达他们的观点与感情时。

　　他（某青少年）不习惯于谈及自己的父母，也不会在陌生人面前表达对父母的关心与担忧。他不习惯这种表达形

式。例如，当他的父母哭泣、公开的表达对他的关心时，他不知道如何回应。（社会工作者 G）

另一个社会工作者发现不同方面的介入，像司法人员、其他社会工作者以及家庭治疗学家，角色需要区别开来。

因为开始我不是十分确定有如此多的工作者服务于同样案例的原因。（社会工作者 A）

（三）治疗后的毒品使用情况

表 5 - 1 展示了治疗 6 个月后青少年的毒品使用状况，以下我们根据有没有接受家庭治疗的青少年来进行对比。这些青少年在离开治疗中心 6 个月后的定期尿检中报告了毒品的使用状况。

表 5 - 1　治疗 6 个月后青少年的毒品使用情况

	不再吸毒	复　吸	合计（人）
没有家庭治疗	16（64%）	9（36%）	25
有家庭治疗	8（89%）	1（11%）	9
合　计	24（71%）	10（29%）	34

从表 5 - 1 可以看出，大约有 2/3 在中心接受治疗但是没有接受家庭治疗的青少年 6 个月后仍能保持放弃用药。但是那些曾经接受家庭治疗的青少年却比没有接受家庭治疗的青少年在保持

不用毒品方面具有更高的成功率。

三　小结

　　家庭是中国社会一个关键的环节。根据研究中的青少年与社会工作者的回馈，家庭治疗可以协助吸毒青少年及其家人改变家庭互动模式，促进个人与家人成长。家庭的力量在西方如此，在中国亦然。在这项研究中我们发现中国家庭成员都能用语言表达他们的意见和对其他成员的关注。这挑战了中国家庭不常进行沟通（Hsu，1995）以及家庭成员不善于表达、"家丑不可外扬"的说法。现代中国家庭的成员似乎已经更加愿意表达自己。另外，可能由于中国家庭对治疗师高度的重视和尊重，当治疗师有技巧地邀请家庭成员交流时，其实并不是那么困难。这意味着家庭治疗是帮助中国青少年戒毒的良方之一。下一章我们将用一个案例，按部就班地探讨如何对吸毒青少年进行家庭治疗。

第六章　一个戒毒家庭的蜕变

一　结构家庭治疗的独特性

在不同的家庭治疗方法中，结构家庭治疗（Minuchin，1974；Minuchin，Lee，& Simon，1996）是戒毒治疗运用最广泛的方法之一。在《吸毒与酗酒的家庭治疗》一书的序言中，Kaufman 和 Kaufmann（1992）认为："Salvador Minuchin 看待家庭的方式与其治疗技术，为成功的戒毒治疗奠定了坚实基础。"吸毒青少年的家庭常常出现结构问题，如父母离异，所以结构家庭治疗的盛行是其中的关键原因（Joanning，1992）。Stanton 和 Todd（1982）运用结构家庭治疗协助海洛因成瘾的成年人与青少年的研究，展示了具有突破性的效果。近年来，几种青少年戒毒模式结合了结构家庭模式，也证实了它的有效性（Liddle，Dakof，Parker，Diamond，& Barrett，2001；Joanning，1992；Lewis，

Pierey, Sprenkle, & Trepper, 1991；Reilly, 1992；Schmidt, Liddle, & Dakof, 1996）。Hsu（1995）主张："在多种不同家庭治疗的模式中，结构家庭治疗可能是最适合中国人的一种，因为它强调改善家庭结构与加强家庭功能修正。"这正好配合中国人在乎人际关系（Leung & Lee, 1996）的特点。Jung（1984）提出结构家庭治疗适用于中国人，因为它广泛适用于不同社会阶层和不同问题的家庭治疗方法。Ho, Rashee, Rasheed（2004）的研究发现 Minuchin（1974）的连接（或进入）技术用于亚洲家庭特别有效。接连技术强调治疗者的倾听能力、同理心的表达、对家庭成员问题的关注和及时敏感的回馈，这样使接受治疗的家庭感觉到治疗师理解他们，并和他们共同寻求解决问题的方案。

随着当前家庭治疗的发展，结构家庭治疗并不完全认同青少年吸毒就是不良家庭互动与问题家庭结构的症结这一观点（Aponte & DiCesare, 2002；Jones & Lindblad‐Goldberg, 2002；Todd & Selekman, 1991）。也就是说，青少年吸毒不一定和家庭问题有关，不能认为是家庭问题导致青少年吸毒。然而，在治疗的过程中，治疗师会考虑家庭的互动是否在维持或影响青少年吸毒，家人在治疗中可以扮演什么角色。结构家庭治疗也认为对问题如果有不同的定义和诠释，解决方案必然会增加（Minuchin & Nichols, 1993）。换句话说，青少年吸毒不单是个人的事情，可能与家庭有关，也可能反过来影响家庭成员。

当前大多数青少年戒毒治疗方法都确保父母积极参与以便能适当发挥他们的管教功能（Minuchin et al.，1996；Nichols & Schwartz，2004）。当父母联合起来一同帮助吸毒的青少年时，他们能形成统一阵线，避免不良的父母与子女间的联盟关系，以便更有效地协助青少年不再吸毒（Craig，2004；Rowe，Liddle，McClintic，& Quille，2002）。然而，在中国家庭，家长对孩子的照顾往往无微不至，一般都会视"自我牺牲与奉献"为父母的天职，尤其是如果孩子是个未婚的成年人时，父母更是会义无反顾地付出（Phillips & Xiong，1995）。这经常会使中国父母过分投入感情与过于承受心理负担（Wong & Poon，2002）。从以下的个案中，我们将探索一个中国吸毒青少年和父母之间错综复杂的关系，并循序渐进地分析如何运用结构家庭治疗与该青少年一家工作。

二　案例介绍

王欣，19岁，他服用海洛因已经有三年了，因非法藏有毒品被警察逮捕。在这三年里，王欣的父母和他住在廉价租住屋里。其实，他们已经发现他在吸毒，但是没有办法有效地反对或者阻止他吸毒。相反的，他们在他失业后担心他会没钱吸毒而作奸犯科，只好为他提供直接的经济支持。被捕后，王欣被判到戒毒中心住三个月，除了接受中心提供的一般个别治疗和小组治疗之外，我们提供了家庭治疗这样一种辅助的治疗方法。在这三个月里他和家人总共接受了 13 次结构化家庭治疗。用家庭治疗方法治疗三个月之后，他的家庭内部互动和家庭动力有了很大的变化。

王欣被法庭判缓刑送到了治疗中心，大家希望王欣在寄宿治疗中心的疗程中能够暂时断绝不良社会联系，戒掉海洛因。但是王欣的父母非常不满和焦虑，因为他们已经开始尝试着帮他戒掉海洛因，担心寄宿治疗中心的环境比较复杂，怀疑这种治疗可能会有相反的效果。

三　家庭情况

（一）家庭背景与结构

王先生一家有四口人：王欣；父亲王先生，47 岁；母亲王太太，45 岁；姐姐王宜，20 岁。王先生是建筑工人，王太太是个厨师，王欣过去两年一直在家里待业，他有一个大她一岁多的姐姐，是一个私立学校的学生。

1. 父母关系

王欣的父母交流很少，王太太抱怨她丈夫无能，不善于表达，不了解她的感受与想法。她也觉得丈夫在养家方面很无能，因此，在孩子很小的时候，她在家庭经济方面与教育孩子方面做决定时便不和王先生商量。王先生也觉得他的妻子非常独断专横，为此公开抱怨自己尽管是家里的男主人，但英雄无用武之地。他对自己的妻子溺爱孩子不满。在处理王欣的问题上，他有时想按自己的想法来做，树立自己在家庭中的地位，但妻子对此不支持也不配合。王先生与王太太显然都非常努力地帮助王欣，但是各忙各的。

2. 亲子关系

王太太非常担心她的孩子，尤其是王欣，因为王欣自小就问题多多。如果两个孩子回家的时间晚了，王太太就会不停给他们打电话，然后时不时往窗外望，甚至会打开楼房大厅入口的摄像头监视闭路电视，等待王欣和王宜回来，不见不眠。当王欣入住中心治疗后，王太太工作不在状态还受了伤，因为她一直担心王欣无法适应那个陌生环境。在此之前，王欣从没有几天离开过家。实际上，王太太不同意法庭缓刑让王欣住宿治疗的决定，她担心王欣难以应对，或者给王欣带来不良影响。

不管王欣吸不吸毒，只有当王欣在家时，王太太才安心。王欣很少和父亲说话，两人没有共同话题，没有共同兴趣。他也不满父亲不能好好照顾母亲，致使母亲对家庭生计过度焦虑。他认为父亲一直非常关心他但不知怎样表达。王欣非常感激近日他父亲对他的支持与做出的努力，因为在他被准许进入治疗中心前的两周，他父亲一直陪伴他尝试自己戒毒。然而，王欣与他的母亲更为亲密，虽然他厌烦母亲总是追问他个人的事情，抱怨他没找到工作，但她能为他提供经济来源。他应对母亲的策略便是尽量逃避她。王先生与王太太都说他们与女儿王宜关系密切，但是王太太也坦然承认王欣受到的关注最多。

3. 姐弟关系

王欣与姐姐王宜关系很亲密。两年来，姐姐一直帮他保守着吸毒的秘密不让他们的父母知道。王宜知道如果他把弟弟吸毒的事情告诉爸妈，王欣会非常生气，并且母亲也会崩溃。她只有在合适的场合多次暗示她父母，弟弟已经陷入严重的麻烦中，例如有一次王欣偷了她的钱，她便乘机警告父母弟弟已经"泥足深陷，不能自拔"。但是，他们没听懂，抑或不愿意懂。这姐弟俩也经常因为母亲的严密监督感到烦扰，并一起合作隐瞒个人的事情不让母亲知道。尽管如此，他们都比较担心母亲是否能应付来自工作和维持家计的双重压力。

(二) 青少年的发展背景

王欣在初中毕业后，参加了一个两年的全日制工地学徒培训班。这以后，他偶尔干些零活，例如日薪建筑工人，然而他总是被解雇。在过去的四年他先后交了十个女朋友，常常趁父母不在家时在自己的卧室里与女友翻云覆雨，但这些关系都没能维持几个月。他试着反省自己的问题，常常越想越悲伤，最终用吸毒来排解孤独。他对自己的未来犹疑不决而且充满焦虑。在他成长的过程中，他感觉自己因为家里穷，学习成绩也不好，不被朋友们接纳。

(三) 吸毒经历

16 岁在学徒培训班学习时，王欣第一次接触到海洛因。之后，在吸毒朋辈的影响下，他 17 岁便染上毒瘾了。他觉得吸毒品能给他带来慰藉，同时，他能从吸毒友人那里得到支持与抚慰。据王欣说，吸毒能让他逃离孤独的痛苦，逃避与父母的紧张关系。在过去的三年里，他的海洛因吸食量已经从每两天一小包到每天一大包。他平均每天要在毒品上花 250 元。他偶尔会用工作赚的钱买毒品，但大多数时候都是用母亲给的日常生活费买。他也会偷父母、姐姐的钱，或者是拿家里的东西去典当来买毒品。

王欣接受强制性戒毒康复之前几个月，警察上门去逮捕他的时候，家人才真正知道他在吸毒，至于他什么时候开始撒谎、偷家里的东西，他们也记不清楚了。姐姐王宜也曾经偶尔和朋友聚会和在舞厅跳舞时服用过新型毒品，但她已经在去年戒掉了。在一次家庭治疗会议中，王太太透露她也因为失眠在过去的两年里经常性地服用咳嗽药协助她睡觉。

四 评估

(一) 家庭功能

在治疗进行之前，王欣的家庭完成了一份有关家庭功能的量表（Chinese Self-Report Family Inventory，C-SFI）。结果显示，王欣家庭的整体能力弱于当地的其他测量过的家庭（Sim，2004），也弱于原来研究的家庭（Beavers & Hampson，1990），详见表 6 - 1 所示。

表 6 - 1 治疗前的家庭功能方面的中国自我报告目录（C - SFI）得分比较

王先生的家庭	当地家庭[a]	原来的研究[b]
95.00	89.18	57

注：数值显示的是平均分值，分数越高，表示家庭功能越不理想。
a. Sim（2004）.
b. Beavers and Hampson（1990）.

（二）青少年的心理状态

王欣在前测结果中体现出低自尊、低生活目标的特性，而且相对于其他当地的青少年而言，有较高的精神疾病的困扰。正如表6-2所显示的：

表6-2　青少年心理健康

	王　欣	当地研究
C - GHQ	79	60. 16[a]
C - PIL	46	91. 13[b]
C - RSES	22	27. 3 [a]

注：C - GHQ：中国30题一般健康问卷；C - PIL：中国生活目标问卷；C - RSES：中国罗森博格自尊量表；数值显示的是平均分值。

a. D. T. L. Shek, Personal Communication, May 21, 2002.

b. Shek（1986）.

五　个案分析

我们主要基于结构家庭治疗的视角，运用家庭结构关系的绘测图（Mapping），对王欣的情况进行分析（Jones & Lindblad - Goldberg, 2002）。通过这种家庭结构的绘测，了解家庭互动模式和其他相关的家庭因素如何维持了青少年继续吸毒的可能性（Aponte & DiCesare, 2000）。

　　根据结构家庭治疗的观点，王先生一家的家庭功能是不健全的。王先生和王太太是分离的，而且和子女系统的界限也是不合适的。王先生和王太太之间消极的合作关系，反映了他们之间僵硬（rigid）的界限。那些没有表现出来的冲突导致了互不尊重和互不信任。互补的机制（complementary）（Fishman & Fishman, 2003）进一步延续了这对夫妇之间的分离和不和。王太太越觉着王先生不理解自己和孩子，她就越不会和王先生讨论家里的事情，这就导致王先生更加倾向于把自己的观点，尤其是在作为家长方面的观点，强加在王太太和孩子身上。王太太于是感到不满并继续置之不理。因此，王先生对王太太更加不满。随着这对夫妇对彼此越来越不满，越来越互不尊敬、互不信任，他们各自为政，情感上彼此隔绝，在管教孩子上彼此也互不合作。王先生和王太太不能一起面对和阻止王欣吸毒，他们因为彼此缺少合作反而导致王欣可以持续用药。尽管如此，他们还是很关心自己的孩子和家庭，而且他们甚至认为自己有能力去帮助王欣处理他吸毒的问题。

　　王氏一家的亲子界限是不当的，因为王欣和母亲的关系过于紧密，而与父亲的关系比较疏离。例如，当法庭提出让王欣进行寄宿治疗时，王太太就激烈反对，不愿意孩子离开她。王太太和王欣过分紧密的关系，使她轻易地为王欣提供经济上的支持，也在无形中促进了王欣的吸毒行为。王欣也没有必要学习承担成人的责任，因为他一直依赖王太太无条件的支持，这也部分地导致他没有信心面对自己的失败，这是一个不断困扰他心理发展的问题。因为王欣与父亲比较疏远，沟通也很少。虽然他没有主动地介入父母的矛盾之中，但这在无形中强化了他不断地从母亲那里得到支持的局面。这不仅使得他这几年持续吸毒，而且也使得他父母间的关系更加消极。其中一个结果便是王先生越来越少参与家庭事务，以至于在需要他介入解决问题时，他没有足够的能力去做好。

当代的结构家庭治疗强调家庭成员间的情感表达，在治疗的评估和干预过程中，家庭成员可以发掘关系中的新意义（Jones & Lindblad – Goldberg，2002）。王先生一家在情感管理和表达方面有待改善，因为他们家无论是积极还是消极的情绪都很少表达。避免和退却是这家人处理不满和其他困难问题的主要方式，就像王欣的姐姐，即使在两年前就知道弟弟吸毒了，也不会说出去。由于他们很少表达消极情绪，这使得一些不满和误解得不到解决，个别家庭成员的压力越来越大。此外，王氏一家的开放程度不够，不能很好地表达他们的想法和感觉，也不能很好地澄清家庭的规则和角色，这阻碍了这个家庭解决问题的进程。

王家的家庭结构问题，在于家庭成员的关系长期陷于严重的困难之中，对消极和积极的观点、情感都表达不充分，而且王欣的父母也不能共同有效应对各种问题，反而互相对立。在有意无意间，这样的家庭结构维持了王欣的吸毒行为。尽管如此，这个家庭仍然有很大的潜能可以去帮助王欣解决吸毒问题。

六　治疗过程与结果评估

（一）治疗方向

结构家庭治疗的目标在于改变家庭系统中功能不良的方面，发挥每个家庭成员的发展潜力，同时增强家庭成员间的互相支持（Minuchin & Fishman，1981；Nichols & Schwartz，2004）。

结构家庭治疗的介入特征在于"强调通过家庭成员行为的转变来改变家庭成员的互动模式"（Cleverland，1995）。治疗师在帮助这个家庭时提出了两个总体目标：①发掘这个家庭整体能力及个体成员的能力；②改变那些阻碍家庭或者是家庭成员发展的互动模式。就第一个目标来看，认同家庭内的动力和能力还是比较容易的，因为王先生和王太太虽然是分离的，但是仍然是非常坚定和疼爱孩子的。就第二个目标来看就比较有挑战性了，因为王氏夫妇之间的隔阂、王太太和两个孩子过度亲密的关系、王欣和王宜之间的联盟关系，都是改变整个家庭互动模式的非常重要的环节。

（二）治疗计划的发展

王欣的个人治疗目标是他在治疗中心进行戒毒的开始阶段与治疗师一起制定的。他的父母在随后的会谈中也同意了这些目标。具体地说，治疗的目标有以下几点：①利用在中心三个月的治疗来帮助王欣戒毒；②加强王先生和王太太之间的联系，以使他们能作为一个团队共同帮助王欣达到戒毒的目标；③重整王欣和父母的关系，以使得王先生能够更多地支持王欣和王太太，更多地指导王欣达到戒毒的目标，从而使王太太不必过于担心、过分参与，这样王欣就能够自己承担更多的责任，而且王太太也可以减轻压力；④帮助王欣去处理他关于未来工作、生活的焦虑，从而让他重新开始一个稳定的、不依赖毒品的生活方式和人际关系，同时改善他的整体健康状态。

（三）治疗方式的抉择

经过两次评估会谈之后，我们展开了四个月长的治疗计划。共进行了 13 次访谈，其中包括 5 次针对王欣的个别面谈，8 次针对不同家庭成员以及其他关键人物的家庭会谈。除了王欣被捕进入治疗中心时进行了前测，他离开治疗中心之后的第三个月，也和所有家庭成员进行家庭测试（C – SFI），并进行了个人测试（30 – item C – GHQ，C – PIL，和 C – RSES）。

结构家庭治疗是基于三个相互重叠的阶段进行的，其中包括评估、介入和结案。这三个阶段运用的主要技巧有接连、活现、调整家庭结构。

1. 接连（或称为进入）

通过与每个家庭成员建立联盟，治疗师积极地表达理解、尊重以及对整个家庭及其成员的接纳。这包括倾听并且接纳每个家庭成员对于解决家庭情况的诠释，进而将协助每个家庭成员积累已久的情绪、恼怒在互动之中释放出来（Nichols & Minuchin，1999）。

2. 活现

邀请家庭成员，针对他们实际的情况或问题，在治疗中将问题场景搭建出来，以便协助相关的家庭成员彼此回应，治疗师可以在他们互动时观察这个家庭，甚至进而改变他们之间的互动、观点（Nichols & Fellenberg，2000）。

3. 调整家庭结构

这包括：①挑战现有的家庭观点，以使得家庭成员能够改变一些固有的僵化思维和解释；②布置家庭作业，鼓励在治疗中形成的新关系继续发展；③阻止功能不全的沟通模式；④加强健康、有效的沟通模式；⑤为家庭成员提供适当教育和指导，使其能够进行持续的相互支持。

以下将具体的治疗步骤和历程，一节一节地进行重点说明。

（四）治疗过程

预估 1（120 分钟）：在王欣家中，与王欣及其父母进行家庭会谈和前测。此次家庭访问先用了一个小时，对王欣的家庭做 C – SFI 测量，对王欣做 30 – item C – GHQ、C – PIL 和 C – RSES 个人测量。然后，又用了一个小时的时间来倾听、了解他们一家人对法庭要求王欣进行三个月住院式治疗的不满与意见。

预估 2（120 分钟）：王欣刚刚开始三个月治疗。在中心与王欣面谈。在这个环节中，王欣多次提到他的焦虑与恐惧，其中他最担心再次接触仍在吸毒的朋辈群体，自己会受影响再次吸毒；另外，王欣对治疗过程抱有怀疑态度。此外，他对前途感到迷茫，因为在过去的几年里，他没挣到钱。谈话中，王欣因自己的失败让父母失望而失声痛哭。

同时，王欣还没有做好心理准备让父母来探望他，就算是与父母电话联系，他也会担心。他害怕父母来探望时，自己会崩溃，而这样会使他妈妈更加焦虑。王欣担心母亲的焦虑会令他暂停治疗，这样会违反法庭的缓刑，后果不堪设想。王欣要求他的父母推迟探望他的时间，治疗师也大力支持他，认为这是王欣尝试着与他的父母，尤其是与他母亲划清界限的一种表现。治疗师还赞赏王欣，因为他不仅担起了履行法律责任的义务，而且还能考虑到母亲的情况，并在治疗的初期深刻探讨自己的缺点和前途。

理论整合：治疗师有意识在治疗初期联系每个家庭成员，尤其是吸毒的青少年，并且把家庭作为一个整体来看待，增进对家庭状况的认识。治疗之初，与青少年和其家庭建立坚固的专业关系，为以后的治疗打下了基础。

会谈1（70分钟）：治疗师在办公室与王欣的家长进行家庭会谈（王欣不在场）。此次会谈的目标是在治疗协议上达成共识，尤其是促进父母的合作，并且协助王欣的母亲能更有效地帮助王欣承担更多责任。在面谈不久，王欣的母亲便滔滔不绝地谈论王欣进入戒毒中心后她连夜做噩梦。

> 治疗师：我认为王欣现在仍旧和你很亲近。
>
> 母亲：是吗（开始开怀笑）？
>
> 治疗师：（对母亲）是的，他看上去非常疼爱你！
>
> 母亲：真的吗（笑）……（母亲温柔怜爱地说）我对他的感觉真的很不同。

治疗师：（仍然看着母亲）那王先生呢？

母亲（仍旧笑着）：他已经长大成人了，他不会离开的。

在此次治疗中，治疗师邀请这对夫妇考虑一下他们若不联合起来帮助王欣可能会产生的结果。治疗师与这对夫妇一起回顾了他们过去帮助王欣的成与败，并刻意地总结了他们过去在帮助王欣时所取得的成果。王太太最后同意，如果王欣有不合理要求时，或者王先生坚持要处理问题时，她学着"把头转开"不理。他们同意王欣所设定的治疗目标，并且尝试一起计划王欣不能完成中心治疗时新采取的对策。夫妇俩最后一致同意：如果王欣不能完成中心的戒毒治疗，他必须承担法律责任。

理论整合：由于王先生与王太太对如何处理王欣的问题持不同态度，治疗师积极地促进他们有效互动，并在整个会谈过程中格外留意解决双方合作的困难，强调他们意见不合可能给王欣带来的后果。治疗师也很刻意发掘这对夫妇之间的能力和合作的可能性，以促进他们在帮助王欣的具体计划上达成一致。

会谈2（90分钟）：治疗师在治疗中心与王欣一家四口进行家庭会谈。王欣和家人分开快一个月了。会谈目的在于让王欣表达自己的感受和追求独立的目标，促进子女和父母之间关于独立的协商。会谈刚开始，王欣不断向家人道歉，因为他过去三年给家人添了不少麻烦。他妈妈边听边哭，反复说王欣长大了，这也是治疗师关注的焦点，由此来强化这个信息。然后，治疗师要求家人谈谈过去有什么因素让王欣不能很好地成长、不能独当一面。爸爸觉得王欣很容易受同龄人的影响。王宜担心他弟弟难以承担工作的压力。治疗师接着探索王欣的母亲在王欣的成长过程中所扮演的角色。王欣的爸爸和姐姐都认为母亲应该放开王欣，给他更多的空间继续成长。王先生与王太太告诉王欣，若王欣拒绝治疗，他们将支持法庭判王欣半年监禁的刑罚。至此，会谈结束。

理论整合：这次会谈为王欣表达他的懊悔心声提供了平台，他的道歉对他和他的家人而言是破天荒的举动。王太太说儿子长大了，大家充分意识到了这个积极的信息，治疗师帮助强化了这种有责任的行为。由此看出，一种新的情感体验与意义产生了，能增进王先生一家与渐渐成长的王欣进行互动。这种情感的联系与结构家庭治疗当前的发展相一致（Jones & Lindblad‑Goldberg，2002），对吸毒青少年家庭至关重要（Diamond & Liddle，1996，1999）。王欣的父母对王欣可能治疗失败持有相同而坚定的态度，这会让王欣看到父母对他一致、坚定的决定。进而，也调整了王欣与父母的界限，重新厘定了父母与儿子的关系。

会谈3（60分钟）：在治疗中心与王欣个别会谈。这次会谈紧随先前的家庭会谈，帮助王欣看到他个人的优势与不足，尤其是他应对工作压力的能力。王欣透露他害怕被别人拒绝，接着会责备自己不够好。治疗师重构这个问题，指出王欣对自己有所要求，但可能过分苛刻了，没有充分地照顾自己，这可能是让他持续吸毒的重要因素。治疗师布置了一门功课给王欣，让他留意自己在中心的治疗过程中面对压力时如何好好地照顾自己。

理论整合：这门功课的目的是在会谈之外让王欣能把会谈时对自己的发现具体化，变成一种经验。布置的功课可有多种形式，但都应与家庭治疗工作的目标有关（Cleverland，1995）。

会谈 4（60 分钟）：在治疗师办公室与王欣的父母、姐姐做家庭会谈（王欣不在场）。会谈目的是增强父母的合作，加强父母和子女间更清楚的界限，帮助王欣的母亲更少地参与、更少地担心正在戒毒的王欣。谈话主题围绕青少年成长的需要，以及他们亲子互动的模式。王宜表达了他对母亲不断追踪的不安与困扰，也表达了弟弟其实也有同样的困扰。王宜也觉得父母越想多窥探王欣的世界，王欣就越会逃避、抽离。

> 母亲：当你们晚回家时，我会不自禁地担心你们。
>
> 王宜：如果你一直担心，我也帮不了你。
>
> 母亲：我不需要你帮什么，离我远点就行。
>
> 治疗师（对王宜说）：在母亲牵挂你的时候，你能不搭理她，也不担心她吗？

王宜：我不知道我能不能放开母亲不管。

母亲：别管我。

治疗师（对王宜说）：你能做到吗？

王宜：……（俯视）

治疗师：看看你是如何把他置于困境的？

母亲：别管我就行。

王宜：我觉得我弟弟在帮助妈妈方面更加焦虑。爸爸，你能帮助妈妈吗……王欣希望你能帮助妈妈。

父亲：你妈妈不想让步，也不听我的。我能把她拉回房里吗？你（指王宜），她不会放开你们的。我觉得你（看着妻子）的确需要松开手了。

理论整合：治疗师利用孩子从未提供过的信息和反馈，继续强化亲子之间的界限。

会谈5（60分钟）：治疗师在治疗中心与王欣个人会谈。这次会谈主要集中于王欣与中心管理员之间的矛盾。王欣觉得管理员没有公正地实施惩罚，但王欣却能妥善解决有关问题。治疗师帮助王欣看到他解决问题的能力，并鼓励他把事情告诉他的家人。

理论整合：结构家庭治疗认为增强家庭与其成员的力量是改变的基石（Aponte & DiCesare，2002），因此，治疗师必须积极地寻找机会来提升缺乏自信的青少年。

会谈6（60分钟）：治疗师在治疗中心与王欣、他的父母及姐姐进行家庭会谈。会谈目的是让王欣分享成功克服困难的体验，以此突出新的行为和经验。按照计划，王欣兴致勃勃地向家人报告了他成功解决与治疗中心管理员对质一事，解决治疗中心管理员惩罚不公的问题。在王欣还未把故事讲完之前，王欣的母亲开始有点儿歇斯底里地抱怨和表达她的焦虑，担心王欣被人欺负，不懂得如何保护自己等，并开始哭喊王欣受到了不公正待遇。王欣拥抱、安抚母亲，深深懊悔他分享的所谓成功经历，并责怪治疗师怂恿他做此决定。王欣的母亲一把眼泪、一把鼻涕地说，自从王欣离家后，她睡眠就很糟糕，在过去的两年里，她不得不用镇咳合剂来促进睡眠。这次面谈不欢而散，大家都忐忑不安。

理论整合：治疗师本应该在强调王欣的改变时更加敏感些，因为王欣的母亲仍然对儿子不放心。王欣的迅速成长似乎已经引起他母亲的分离恐惧和危机感。

会谈7：（60分钟）：治疗师与王欣在治疗中心的个别访谈。王欣为他在上一次家庭面谈中对治疗师的无礼和指责而道歉。治疗师继续探索他在父母，尤其是母亲的"显微镜"下生活的体验。王欣表达了他对下一个步骤，即离开治疗中心之后的担心。他担心自己没有能力继续学习，也没有足够的动力去做好一份工作。他尤其担心自己会让父母再次失望。治疗师鼓励他一步步地慢慢来。

理论整合：如果王欣改变得太快，要充分考虑到可能的挫折和退步，治疗师不可急于要求青少年做出改变。这给了王欣和他的家庭适当的时间和空间，循序渐进地做出必要的改变。这也是结构家庭治疗所用的一个"矛盾"的介入方法（paradoxical interventions），循着这个思路走，越不要求家庭改变，家庭可能越觉得需要改变、实现目标。这种方法在那些"暗流"涌动的家庭中，如家庭成员之间存在的结盟或者秘密同盟关系，非常有用（Pepp，1981，p. 246）。但是，这种"矛盾"技巧在运用时必须留意道德规范，不能对服务对象带来任何负面影响。

会谈8（75分钟）：治疗师与王氏全家在治疗中心进行家庭会谈。会谈目的是让王欣就与母亲的关系，讨论对彼此的影响和发展。王欣描述了他如何积极参与中心的活动，而且炫耀给家人看过去几周努力操练的强壮体魄。王太太也觉得王欣看起来更加成熟了。当母亲知道曾和王欣一起吸毒的青少年也住进了治疗中心，她表示忧虑。王欣却很努力地说服王母亲不必过于操心，鼓励母亲日后不用过于担心他和姐姐。

会谈9（60分钟）：治疗师与王欣在中心的个别访谈。这次个别访谈主要集中讨论王欣如何在上一次家庭会谈中尽力消除母亲对他在中心的治疗和日后的生活表现出的担心。治疗师继续和王欣探讨如何能够运用自己的能力和周围的支持面对日后的挣扎，做到知行合一。

理论整合：当代结构家庭治疗强调治疗师必须运用家庭的资源和优势，随着时间的推移去帮助组织家庭内部的互动，尤其在考虑儿童和青少年的需要时（Jones & Lindblad‐Goldberg，2002）。治疗师尽力强调王欣的改变和能力以便帮助他改变与周围关键人物（如父母、朋辈）的关系。

会谈 10（70 分钟）：治疗师与王欣和王太太在治疗中心做家庭会谈。会谈目的：继续厘定王欣和母亲的界限，并为结束中心的治疗做准备。虽然这次会谈的目标是讨论王欣离开治疗中心后的下一步治疗，但是王太太一开始就讨论女儿王宜要一大笔钱用于高风险投资。王太太固然反对，但最后还是给了王宜 5 万元。王欣不想牵涉到这件事中，也不想进一步讨论它，但他强烈要求母亲不要轻易对姐姐让步。王欣认为母亲仍然反复妥协让步，他觉得从长远来看这对全家是无益的。

母亲：这些天来，你姐姐不听家里任何人的劝……

王欣：如果我能立即找到工作，我希望能在家待一段时间。但请表现出我对这件事什么也不知道的样子，因为我不想牵涉进来，你和爸爸也不要在我在场时谈论这件事。如果我有什么想法，我会私底下让你知道。我会找罗先生（治疗中心的一名社工）为你和爸爸了解更多关于这类投资交易的细节。

治疗师：我同意王欣的看法，不要让王欣牵涉进王宜的事情里。我们是不是应该回到王欣离开治疗中心这事上来？

王欣：如果工作很难找，我不介意参加一些短训班。我想扎扎实实、一步步地来，因为从上次工作到现在已经有很长一段时间了。

王欣成功完成三个月的治疗，离开治疗中心了。因为他过去几年和一位社会工作者保持联系，所以家庭治疗师就没有特别进行跟进。而且，他会参加治疗中心的跟进安排，每周做一次尿液分析，并定期向司法部门汇报他的情况。然而，如有需要，治疗师欢迎王欣安排个人或家庭会谈。

父母也和王欣约法三章，若他重新吸毒的话，他就必须无条件报名参加长期住院的戒毒治疗。王欣离开中心之后，治疗师安排了一次与法院相关部门负责人的会谈，报告治疗的成果，王欣和父母都出席了。

理论整合：王欣的母亲在他完成治疗离开中心之际，竟然呈现了一个经济危机给他。这种危机四伏的现象在吸毒的家庭中并不罕见（Craig，2004；Stanton & Todd，1982）。王欣拒绝参与这次危机，表明他不想再与母亲结盟，治疗师支持王欣，以免他陷入危机中，这样证明了王欣为尝试划清亲子、家人界限而做的努力，同时也证明他适当地考虑了他自身在康复中的个人需求。这就好比搭乘飞机万一发生事故需要用氧气罩时，一定要先给自己戴上，才能去帮助身边有需要的人。

会谈 11（60 分钟）：治疗师与王欣在治疗中心进行个人会谈。治疗师评估了和王欣所完成的工作，并与他一起探索他离开治疗中心有何疑虑、担心。王欣主要担心和家人的关系问题，尤其是他父母经常不信任他，还有他姐姐的经济问题。但是他答应有必要时会向专业社会工作者求助。治疗师提醒王欣，在治疗和改变的过程中经历一些困难与改变是不可避免的，鼓励他千万不要气馁、放弃。

理论整合：这次在中心治疗的结束是建立在对王欣和他家人充满信心的基础上的。治疗师相信王欣能借助家庭的关爱和专业网络的支持面对未来的挑战（Aponte & DiCesare，2002）。

会谈 12（60 分钟）：治疗师与司法部辅导官、王先生、王太太在缓刑办公室进行联合会谈（王欣不在场）。会谈目的是巩固王欣已取得的治疗成果，提醒家长遇上明显的危险因素时，务必协助王欣面对；同时为结束治疗做准备和报告。治疗师指出除了吸毒朋辈的负面影响，过多的父母之爱也可能是王欣吸毒的危险因素之一。王先生与王太太同意继续联袂合作来帮助王欣成长，让他在戒毒的过程中能变得更加独立。

理论整合：结案过程包含了帮助家庭成员向前看，并促使其认识到家庭成员会继续经历变化与正常的发展（Franklin & Jordan，1999）。此外，治疗师也需要善用家庭成员个人、集体和相关关键系统的资源和特色（Jones & Lindblad‐Goldberg，2002）。

会谈13（70分钟）：6周后，治疗师与王氏一家在他们家进行家庭会谈。会谈目的是确认、肯定王欣及其家人的治疗和努力成果；协商未来的计划。

王欣离开治疗中心后的一个半月一直待在家里。王欣和王宜都感觉到他们的父母对这样的安排更加安心。治疗师鼓励家庭成员商谈一下王欣应该在家待多长时间并且有什么具体安排，使得大家都感觉舒服。家人同意王欣在家至少待半年时间。同时，王欣也必须参加一些课程提升自己，准备就业。

理论整合：治疗师指出王先生和王太太同意王欣在家待上较长一段时间的需求，还指出王欣能在离开中心后六周没有再用毒品是一件不容易的事。这符合结构家庭治疗相信"家庭是有能力的并应受到尊重"的基本信念（Nichols & Schwartz，2004），而且务必邀请家庭积极参与计划、预估和总结治疗结果的过程（Jones & Lindblad‐Goldberg，2002）。

结案（120分钟）：3个月后，治疗师与王先生、王太太、王欣、王宜在他们家中举行家庭会谈，进行治疗结束后的测量。结案会谈终于在王欣被释放后的三个月进行了。会谈开始时，治疗师回顾了王欣从进入治疗中心到三个月后的调整都取得了令人满意的进步。虽然王欣没有在离开中心后两个月内找到工作，但是他得到了很好的休整，还帮助打理家事。当王欣的父母在两个月后准备让他工作时，王欣很快就在一家贸易公司为自己和姐姐找到了工作。现在，王欣和姐姐正在商议着未来的小生意计划。

以下是王欣和其家人在治疗前后所做的测试。

1. 家庭功能

正如我们在表 6 - 3 中所见的，王家的家庭功能测试（C - SFI）整体得分、家庭正面功能和家庭负面功能都有了改善，这表明在王欣离开治疗中心后的三个月其家庭功能比三个月前更健全了，体现在家庭沟通、问题解决、凝聚等方面。

表 6 - 3　王先生一家在治疗前后的中国个人自我报告目录得分

单位：分

阶　　段	治疗前	治疗后 3 个月
C - SFI 整体得分	95.00	80.67
家庭正面功能	46.00	42.67
家庭负面功能	52.00	37.67

注：数据反映的是平均数，分数越低越理想。

2. 心理健康方面

正如我们在表 6 – 4 中看到的，王欣的心理健康程度在三个月的治疗后已经有了提高。王欣的心理健康状况有所改进，和接受治疗前相比，他的 C – GHQ 提高了将近 30 点，生活目标的数值提高了 20 点，而自尊水平则提高了 5 点。

表 6 – 4 王欣的心理健康状况得分

单位：分

	治疗前	治疗后
C – GHQ	79	50
C – PIL	46	65
C – RSES	22	27

注：C – GHQ：中国 30 题一般健康问卷，分数越低越理想。C – PIL：中国生活目标问卷；C – RSES：中国罗森博格自尊量表；数值显示的是平均分值。分数越高越理想。

3. 服用毒品方面

王欣和家人报告说，在治疗后的三个月和六个月，他都一直保持着对毒品的节制。通过后续的跟踪回访，发现在一年半以后，王欣仍然保持着很好的节制状态。

（五）家庭治疗过程及家庭关系发展

治疗师根据每次会谈的目标，选取了 8 节家庭治疗会晤片断，每节 10 分钟，请两位结构家庭治疗专家运用治疗评估量表（Timberlawn Couple and Family Evaluation Scales，简称 TCFES），进行独立评估。表 6 - 5 两位专家对王先生一家的整体能力进行了评定，并针对治疗是否达致目标按 1 ~ 6 对 8 次家庭会谈进行了打分评估，1 分为完全不能达标，6 分为完全达标。这些数值也在表 6 - 5 中呈现出来。每次会谈的目标可见附录。

用 TCFES 进行评估时，两位专家注意到，第一次会谈中王欣一家互动时整体气氛是冲突和不和谐的，几乎没有情感表达，而且经常有一些轻蔑的表达。到第 8 次会谈的时候，整体交流的情绪是互敬和谐的，没有冲突，而且也有一些正面的情感表达，情绪温和，没有越谈越不愉快的现象（Lewis et al.，1999）。治疗师尽力使每次家庭会谈都能令人满意地达到目标。

表 6 - 5　王先生一家在家庭治疗会谈中的治疗过程

单位：分

会　谈	1	2	3	4	5	6	7	8
整体能力	6.0	8.0	7.0	5.0	9.0	6.0	8.5	10.0
会谈目的达标评估	3.5	5.0	4.0	3.0	3.5	4.0	4.0	4.0

注：表中数值为平均值。分数越高，家庭总体表现越理想。

七　对复杂因素的考量

　　根据和许多中国家庭接触的经验，治疗师预计要和王欣一家在治疗时建立关系并不困难，而要求家庭成员在家庭会谈中彼此表达情感却有较大的挑战。当治疗师鼓励王欣及其家人在家庭会谈过程中表达情感时，王先生一家往往表现得较为尴尬，尤其是有关王先生和王太太的关系。但有技巧和敏感地邀请他们表达情感并不是不可能，而且协助他们将阻碍关系发展的不满与紧张感觉表达出来，似乎有助于解决他们日积月累的问题。

　　如上所述，吸毒青少年的家庭往往在每次会谈前、会谈中和会谈后都会经历不同的危机。治疗师必须小心评估这些危机，因为它们可能会破坏青少年一家所做的努力及改变的机会。

　　留意吸毒青少年的家庭情况固然重要，但是吸毒青少年个人的需要、问题和经历也不能忽视。王欣初到治疗中心调整状态的问题、找工作的问题、需要个人空间、对自己的看法等都是重要的问题。治疗师和青少年稳定和坚强的关系是成功治疗的一大关键。

八　对家庭治疗的反思

　　王欣一家展现了吸毒青少年家庭关系和互动的典型，同时也展现了结构家庭治疗有效处理青少年吸毒的成果。这个家庭有五个特点：第一，王先生一家的家庭结构使得王欣变成一个依赖性强、没有充分发挥自己潜力的吸毒青少年；第二，王先生和王太太不能有效地合作去帮助王欣；第三，王欣和父母存在明显的界限问题，尤其是和母亲存在过度亲密、依附的关系；第四，王氏一家通常用逃避、退缩的对抗方式来处理家庭成员间的问题；第五，家庭危机周而复始，如王欣的母亲在工作中使自己受伤，姐姐王宜陷入经济困境等。

结构家庭治疗将症状的改变和家庭功能的增强看作两个不可分开、相互联系的重要方面。若要改变症状，最有效的方式就是改变维持这种症状的家庭互动模式（Nichols & Schwartz，2004）。在同王氏一家工作时，治疗师重点放在帮助父母合作，使他们成为一个有效的、有凝聚力的家长系统上，去协助王欣慢慢和父母建立有助于持续成长的界限，发展为一个有责任感的个体，发挥个人的潜力。这种界限是有渗透性的，如人体内的细胞一样，既不过于封闭，能让有益的养分正常出入；也不至于过度松散或容易被侵蚀，而且王欣必须不断根据具体情况和父母商议这一界限，如他从中心回家后什么时候应该开始找工作。

运用结构家庭治疗的接连技巧时，治疗师在一开始就与这个家庭建立稳定、信任的关系。通过活现的运用，治疗师得以观察这个家庭的关系，从而能够引进其他互动方式来促进不同家庭成员之间的联系。通过家庭结构的调整，例如调整亲子的界限，改变功能不良的互动模式，加强并鼓励功能性强的互动，都有效地帮助这个家庭重组他们的关系。然而试图调整家庭结构的过程不是易如反掌的，因为要改变固有的家庭信念、关系与互动，家庭成员需要付出的代价和调整是不小的，大家对改变后的新局面也是战战兢兢的。在结束治疗的个人访谈中，王欣透露家庭治疗增进了家人对彼此之间感受的体会和对互相的想法的了解，进而也帮助他们一家解决了一些问题。

> 每次结束谈话之后，我们都至少更清楚每个家庭成员想怎样。其次，我们更清楚之后，就知道什么是该做的。有时未必做到，但是起码我们都知道该做什么了。举个例子说，有时我们对彼此不高兴的时候，会记得他之前曾经说过的话，或是他是怎么想的。（王欣）

西方的文献中经常报道，母亲和青少年子女之间过度亲密。我们必须留意中西传统、文化的差异。尽管王欣和母亲的关系看起来比和父亲的关系更加亲密一些，但这并不意味着他与他妈妈之间是一个不适当的同盟。我们务必留意，这很容易误会王欣的母亲，甚至让她承担一些莫须有的罪名。在一般中国家庭中常有严父慈母的情况和分工，父亲一般扮演较严厉的功能角色，母亲扮演较温柔的养育角色（Featherstone，1996；Nichols & Schwartz，2004），这种传统的中国家庭价值和性别角色即使在中国的大都市仍然非常盛行（Ma，Lau，& Chan，2002）。

在西方文化中所认为的过度亲密，在中国文化中或许有不同的理解，大多数中国父母都会为生病的孩子牺牲自己，不眠不休。父母将为孩子奉献视为天职，尤其是当孩子还是未婚的成年人时（Phillips & Xiong，1995）。Sun（1991）觉得中国人的个体，不是一个清楚的独立的生物个体，而是一个"两个人"的集合体（embedded self），个体在他人的集合体中才完整，这是中国文化阴阳概念相辅相成的一种反映，也是儒家思想对"两个人"所阐释的思想精髓。

换言之，治疗师没有必要去责怪父母，尤其是责怪母亲，更重要的是要和家庭去寻找更多方法来解决他们的问题、减轻他们的负担，积极运用父母、兄弟姐妹和其他关键人物资源，协助青少年从吸毒中康复过来。

正如 Luepnitz（2002）所说："结构家庭治疗应该也可以对父亲说：'你应该做些改变。'"从系统的观点看，父亲、母亲或者青少年都需要改变，因为他们是互相联系、彼此依赖的。

九　小结

家庭是治疗吸毒青少年的关键系统。一方面，家庭能够提供更多的可能性和选择让青少年去戒毒；另一方面，家庭的一些过时的家规、不合宜的信念或者是僵化的互动模式也可能成为戒毒青少年改变的阻力。

结构家庭治疗的一个特色是强调人与环境，尤其是家庭成员的联系。从系统的观点看，这为进行吸毒青少年的戒毒工作提供了更多的选择和更宽广的视角（Cleverland，1995；Colapinto，1991；Franklin & Jordan，1999；Minuchin & Fishman，1981）。结构家庭治疗在激发家庭内部能力、应对吸毒青少年治疗时的压力和挑战时，所运用的理念和技巧是全面和有效的。这种理念和目前青少年戒毒领域强调治疗必须超越个人视角、考虑多元因素和环境因素的趋势不谋而合。

参考文献

1. 卞晓静:《浅析中职德育工作中的禁毒教育》,《珠海城市职业技术学院学报》2009 (4): 91 – 93。

2. 程秀红:《青少年吸毒的客观原因分析》,《濮阳职业技术学院学报》, 2007 (4): 99。

3. 杜宝龙:《甘肃省青少年毒品罪错现象之分析》,《甘肃社会科学》1999 (5): 84 – 87。

4. 冯丽平:《对吸毒人员后续教育模式和生活方式的思考》,《云南警官学院学报》2006 (1): 25 – 28。

5. 胡剑、景海俊:《北京市青少年吸毒主观原因与预防研究》,《经济师》2010 (7): 79 – 81。

6. 霍廷菊:《当前广东青少年吸毒原因及预防教育对策》,《山东省青年管理干部学院学报》2004 (5): 42 – 44。

7. 蒋庆明:《对吸毒人员开展社会帮教的调查与思考》,《浙江公安高等专科学校学报》2002 (5): 31 – 34。

8. 蒋涛：《吸毒人群社会支持网研究——对重庆市南岸区戒毒所的调查》，《社会》2006（4）：160－172。

9. 景军：《中国青少年吸毒经历分析》，《青年研究》2009（6）：74－84。

10. 李腾开：《浅析青少年违法犯罪的成因及预防》，《辽宁教育行政学院学报》2010（4）：168－169。

11. 李文梅、郭颖兰、李君、武砚斐：《城市青少年负性情绪与物质滥用行为相关分析》，《中国学校卫生》2010（31）：685－686。

12. 李云昭：《青少年吸毒问题研究》，《云南公安高等专科学校学报》2003（1）：49－52。

13. 廖龙辉：《当前青少年吸毒行为现状及其成因的社会学分析》，《青年探索》2001（4）：48－52。

14. 林丹华、范兴华、方晓义、谭卓志、何立群、Xiaoming Li：《自我控制、同伴吸毒行为与态度与工读学校学生毒品使用行为的关系》，《心理科学》2010（33）：732－735。

15. 林少真、仇立平：《结构视野下的新型毒品使用行为研究》，《青少年保护》2009（6）：29－34。

16. 刘成根、缪清鑫、江戈、昝宝毅、叶芳：《四川青少年吸毒问题研究》，《社会科学研究》2000，（06）：117－122。

17. 刘华、贾艳合：《健康危险行为及家庭环境因素对青少年饮酒行为的影响》，《职业与健康》2010（10）：1157－1159。

18. 刘少蕾：《触目惊心的青少年吸毒问题》，《青年探索》1995 (5)：4 - 6。

19. 刘玉梅：《海南省吸毒青少年的家庭环境调查》，《海南医学院学报》2010 (16)：120 - 122，126。

20. 刘玉梅：《家庭教养方式对海南省青少年吸毒行为的影响》，《海南医学院学报》2009 (11)：1468 - 1671。

21. 刘志民：《阿片成瘾者初始吸毒原因的流行病学调查》，《中国行为医学科学》2000 (9)：123 - 125。

22. 马红平：《当前青少年吸毒的原因及预防对策分析》，《卫生职业教育》2007 (25)：37 - 38。

23. 马红平：《甘肃省吸毒问题分析及对策》，《中国人民公安大学学报（社会科学版）》2010 (1)（总第 143 期）：24 - 28。

24. 牛何兰、郭维丽：《〈禁毒法〉视野下对云南禁毒宣传教育工作的思考》，《云南警官学院学报》2010 (3)：119 - 124。

25. 阮惠凤、李光：《云南新型毒品滥用群体朋辈行为因素实证分析》，《云南警官学院学报》2008 (4)：28 - 35。

26. 阮惠凤、徐南：《云南新型毒品滥用群体相关指标及分类实证研究》，《犯罪研究》2008 (02)：53 - 61。

27. 唐斌：《青少年吸毒的群体诱因及防治对策分析》，《北京青年政治学院学报》2005 (14)：31 - 35。

28. 王君等：《新疆乌鲁木齐市吸毒人群首次吸毒的影响因素分

析》,《中国药物滥用防治杂志》2006（12）：125 – 127。

29. 王进英:《当前我国青少年吸毒的防治措施》,《现代企业教育》2007（12月·下期）：135 – 136。

30. 王京柱:《对吸毒人员开展社会帮教工作初探》,《北京人民警察学院学报》1999（4）：39 – 42。

31. 王启江、李锡海:《我国未成年人犯罪的若干法律界定与特质》,《求索》2010（3）：130 – 132。

32. 王庆位、宋立卿、王庆利:《中国青少年吸毒问题及对策》,《河北青年管理干部学院学报》1999（4）：40 – 41。

33. 王晓瑞:《青少年涉毒成因的精神分析学解析》,《中国青年研究》2002（5）：60 – 61。

34. 魏平雄、赵宝成、王顺安:《犯罪学教科书》（第二版）,中国政法大学出版社,2008。

35. 夏国美:《新型毒品:研究背景和焦点问题》,《社会观察》2007（6）：6 – 7。

36. 夏国美、杨秀石、李骏、缪佳:《新型毒品滥用的成因与后果》,《社会科学》2009（3）：73 – 81。

37. 肖亚麟:《对我国新型毒品有关问题的思考》,《武汉公安干部学院学报》2007（4）：61 – 64。

38. 闫伟刚、王晓木:《对我国现行戒毒模式的评析与未来改革方向的思考》,《中国药物依赖性杂志》2004,13（4）：312 – 314。

39. 杨莲、杨贵:《对贵州盘县 M 乡青少年吸毒情况的现状调查》,《法制与社会》2010 (8): 218 – 219。

40. 杨玲、李雄鹰、赵国军:《青少年吸毒心理分析及吸毒行为防治研究》,《天水师范学院学报》2002 (22): 11 – 13。

41. 张俭琛:《禁毒社工在社区禁吸戒毒中的作用初探》,《中国药物依赖性杂志》2005 (14): 440 – 444。

42. 张连举:《青少年吸毒的心理诱因及其行为矫正》,《云南公安高等专科学校学报》2001 (2): 86 – 87, 89。

43. 张先福:《青少年吸毒的心理分析》,《山西高等学校社会科学学报》2004 (16): 113 – 114。

44. 张艳:《青少年吸毒问题探讨》,《江西公安专科学校学报》2000 (3), 43 – 47。

45. 浙江省公安厅禁毒总队调研组:《加强社会帮教工作巩固禁吸戒毒成果——对杭州市西溪、武林派出所社会戒毒帮教工作的调查与思考》,《浙江公安高等专科学校学报》2006 (3): 51 – 54, 59。

46. 邹勤:《青少年焦虑情绪衍生的社会问题及家庭诱因解析》,《四川师范大学学报》(社会科学版) 2008 (35): 66 – 70。

47. 邹书普:《对当前青少年现状的分析与思考》,《考试周刊》2010 (2): 183 – 184。

48. 周健:《154 名吸毒人员的心理分析与探讨》,《法律与医学杂》1996 (3): 116 – 117。

49. 周振想:《当前中国青少年吸毒问题研究》,《中国青年政治学院学报》2000 (1): 12–18。

50. 朱琳等:《吸毒人群社会行为因素研究进展》,《中国行为医学科学》2005 (6): 573–575.

51. 庄孔韶:《虎日的人类学发现与实践》,《广西民族研究》2005 (2): 1。

52. Alexander, P., & Neimeyer, G. J. (1989). Constructivism and family therapy. *International Journal of Personal Construct Psychology*, 2, 111–121.

53. Ambert, A. M. (1997). *Parents, children, and adolescents: Interactive relationships and development in context.* New York: Haworth Press.

54. Andre, C., Jaber-Filho, J. A., Carvalho, M., Jullien, C., & Hoffman, A. (2003). Predictors of recovery following involuntary hospitalization of violent substance abuse patients. *American Journal on Addictions.* 12 (1), 84–89.

55. Andrews, J. A., & Duncan, S. C. (1997). Examining the reciprocal relation between academic motivation and substance use: Effects of family relationships, self – esteem, and general deviance. *Journal of Behavioral Medicine*, 20 (6), 523–549.

56. Aponte, H. J., & DiCesare, E. J. (2000). Structural theory. In

F. M. Dattilio & L. J. Bevilacqua（Eds.），*Comparative Treatments for Relationship Dysfunction*（pp. 45 – 57）. New York：Springer.

57. Aponte，H. J. & DiCesare，E. J. （2002）Structural family therapy in：J. Carlson & D. Kjos（Eds.）*Theories and Strategies of Family Therapy*，pp. 1 – 18（Boston，Allyn & Bacon）.

58. Barnes，G. ，Farrell，M. ，& Cairns，A. （1986）. Parental socialization factors and adolescent drinking behaviors. *Journal of Marriage and the Family*，48，27 – 36.

59. Barnes，G. M. ，& Windle，M. （1987）. Family factors in adolescent drug and alcohol abuse. *Pediatrician*，14，13 – 18.

60. Baumrind，D. （1991）. *Parenting styles and adolescent development*. In R. M. Lerner，A. C. Petersen，& J. Brooks – Gunn （Eds. ），Encyclopedia of adolescence （pp. 746 – 758）. New York：Garland.

61. Baumrind，D. （1999）. The influence of parenting style on adolescent competence and substance use. In R. M. Lerner （Ed. ），*Adolescence：Development，Diversity，and Context* （pp. 22 – 61）. New York：Garland Publishing. （Reprinted from Journal of Early Adolescence，11（1），56 – 95）.

62. Beavers，W. R. ，& Hampson，R. B. （1990）. *Successful families：Assessment and intervention.* New York：Norton.

63. Berndt, T. J. , Cheung, P. C. , Lau, S. , Hau, K. T. , & Lew, W. (1993). Perceptions of parenting in Mainland China, Taiwan, and Hong Kong: Sex differences and societal differences. *Developmental Psychology*, 29, 156 – 164.

64. Blowers, G. H. , & O' Connor, K. P. (1996). *Personal construct psychology in the clinical context.* Canada: University of Ottawa Press.

65. Blum, R. H. , & Associates. (1970). *Students and drugs.* San Francisco: Jossey – Bass.

66. Bond, M. H. , & Hwang, K. K. (1986). The social psychology of Chinese people. In M. H. Bond (Eds.), *The psychology of the Chinese people* (pp. 213 – 264). Hong Kong: Oxford University Press.

67. Bressi, C. , Cerveri, G. , Cova, F, Frongia, P. , Maggi, L. , Razzoli, E. , Zirulia, V. , & Invernizzi, G. (1999). Family therapy in substance abuse disorders: A follow – up study. *New Trends in Experimental and Clinical Psychiatry*, 15 (1), 33 – 40.

68. Brook, J. S. , Whiteman, M. , Nomura, C. , Gordon, A. S. , & Cohen, P. (1988). Personality, family, and ecological influences on adolescent drug use: A developmental analysis. In R. H. Coombs (Ed.), *The Family Context of Adolescent Drug Use* (pp. 123 – 161). New York: Haworth Press.

69. Brown, B. B. , Mounts, N. , Lamborn, S. D. , & Steinberg, L. (1993). Parenting practices and peer group affiliation in adolescence. *Child Development*, 64 (2), 467 – 482.

70. Brown, S. A. (1993). Drug effect expectancies and addictive behavior change. *Experimental and Clinical Psychopharmacology*, 1, 55 – 67.

71. Bukstein, O. G. (1995). *Adolescent substance abuse: Assessment, prevention, and treatment.* New York: John Wiley & Sons.

72. Burrell, M. J. , & Jaffe, A. J. (1999). Personal meaning, drug use, and addiction: An evolutionary constructivist perspective. *Journal of Constructivist Psychology*, 12, 41 – 63.

73. Carr, A. (2000). *Family therapy: Concepts, process and practice.* Chichester, England: John Wiley & Sons.

74. Chao, R. (1994). Beyond parental control and authoritarian parenting style: Understanding Chinese parenting through the cultural notion of training. *Child Development*, 65, 1111 – 1119.

75. Chao, R. K. (2000). Cultural explanations for the role of parenting in the school success of Asian – American children. In R. D. Taylor & M. C. Wang (Eds.), *Resilience across contexts: Family, work, culture, and community* (pp. 333 – 363). Mahwah, NJ: Lawrence Erlbaum Associates.

76. Chein, I. , Gerard, D. , Lee, R. , & Rosenfeld, E. (1964).
The road to H: Narcotics, delinquents, and social policy. New York:
Basic Books.

77. Chen, C. H. (1994). *Is the Hong Kong family the cornerstone of adolescent development?* (Youth study series, No. 4). Hong Kong:
Hong Kong Federation of Youth.

78. Chen, X. Y. (1998). The changing Chinese family: Resources,
parenting practices, and children's socioemotional problems. In
U. P. Gielen & A. L. Comunian (Eds.), *The family and family therapy in international perspective* (pp. 150 – 167). Trieste, TN: Lint.

79. Chung, Y. B. , & Chou, D. S. (1999). American – born and overseas – born Chinese Americans: Counseling implications. In
K. S. Ng (Ed.), *Counseling Asian families from a systems perspective*
(pp. 145 – 158). Alexandria: American Counseling Association.

80. Christensen, A. , & Margolin, G. (1988). Conflict and alliances
in distress and non distress families. In R. Hinde & J. S. Hinde
(Eds.), *Relationships within families: Mutual influences* (pp. 263 –
282). New York: Oxford University Press.

81. Clausen, S. (1996). Parenting styles and adolescent drug use behaviors. *Childhood*, 3, 403 – 414.

82. Cleveland, P. H. (1995). Structural family interventions. In

A. C. Kilpatrick & T. P. Holland (Eds.), *Working with families: An integrative model by level of functioning* (pp. 107 – 126). Boston: Allyn & Bacon.

83. Cormack, C., & Carr, A. (2000). Drug abuse. In A. Carr (Eds.), *What works for children and adolescents? A critical review of psychological interventions with children, adolescents and their families* (pp. 155 – 177). London: Routledge.

84. Craig, R. J. (2004). *Counseling the alcohol and drug dependent client: A practical approach.* Boston: Allyn & Bacon.

85. Colapinto, J. (1991). *Structural family therapy.* In A. S. Gurman & D. P. Kniskern (Eds.), *Handbook of family therapy* (Vol. II, pp. 417 – 443). New York: Brunner/Mazel.

86. Coombs, R. H., Paulson, M. J., & Richardson, M. A. (1991). Peer vs. parental influence in substance use among Hispanic and Anglo children and adolescents. *Journal of Youth and Adolescence*, 20 (1), 73 – 88.

87. Cormack, C. & Carr, A. (2001) Drug abuse in: A. Carr (Ed.) *What works for children and adolescents? A critical review of psychological interventions with children, adolescents and their families*, (pp. 155 – 177). London, Routledge.

88. Dallos, R. (1991). *Family belief systems, therapy and change.* Milton

Keynes: Open University Press.

89. Dare, C. (1979) Psychoanalysis and systems in family therapy, *Journal of Family Therapy*, 1, 137 – 151.

90. Davis, C., Tang, C., & Ko, J. (2002). Assessing the impact of social factors on mental health of Chinese at risk adolescents in Hong Kong. British *Journal of Social Work*, 32, 609 – 619.

91. Dawes, A. (1985). Construing drug dependence. In E. Button (Eds.), *Personal construct theory and mental health* (pp. 182 – 194). London: Croom Helm.

92. De Man, A. F., Wong, I. N., & Leung, I. P. W. L. (2003). Perceived parental favouritism and suicidal ideation in Hong Kong adolescents. *Social Behavior and Personality*, 31 (3), 245 – 252.

93. De Ross, R., Marrinan, S., Schattner, S., & Gullone, E. (1999). The relationship between perceived family environment and psychological wellbeing: Mother, father, and adolescent reports. *Australian – Psychologist*, 34 (1), 58 – 63.

94. Duncan, T. E., Tildesley, E., Ducan, S. C., & Hops, H. (1995). The consistency of family and peer influences on the development of substance use in adolescents. *Addiction*, 90, 1647 – 1660.

95. DuPont, R. L. (1996). Overcoming adolescent addiction: Working with families and the role of 12 – step programs. In *The*

Hatherleigh guide to treating substance abuse (Part 2). The Hatherleigh guides serous, 8 (pp. 139 – 158). New York: Hatherleigh Press.

96. Engels, R. , Dekovic, M. , & Meeus, W. (2002). Parenting practices, social skills and peer relationships in adolescence. *Social – Behavior – and – Personality*, 30 (1), 3 – 18.

97. Franklin, C. , & Jordan, C. (1999). *Family practice: Brief systems methods for social work.* Pacific Grove: Brooks/Cole Publishing.

98. Featherstone, V. (1996). A feminist critique of family therapy. *Counselling Psychology Quarterly*, 9 (1), 15 – 23.

99. Feixas, G. (1992). Personal construct approaches to family therapy. In G. J. Neimeyer & R. A. Neimeyer (Eds.), *Advances in personal construct psychology*, Vol. 2 (pp. 215 – 255). Greenwich, Connecticut: Jai Press.

100. Fisher, C. J. & Griffiths, H. (1990) Family therapy with problem drinkers and drug takers: A pilot follow – up study, *Journal of Family Therapy*, 12 (2), 183 – 188.

101. Fletcher, A. C. , Darling, N. E. , Steinberg, L. , & Dornbusch, S. (1995). The company they keep: Relation of adolescents' adjustment and behavior to their friends' perceptions of authoritative parenting in social network. *Developmental Psychology*, 31, 300 – 310.

102. Friedman, A. S. (1990). *The adolescent drug abuser and the family.* In A. S. Friedman & S. Granick (Eds.), *Family therapy for adolescent drug abuse* (pp. 3 – 22). Massachusetts: Lexington Books.

103. Friedman, A. S., Terras, A., & Kreisher, C. (1995). Family and client characteristics as predictors of outpatient treatment outcome for adolescent drug abusers. *Journal of Substance Abuse*, 7, 345 – 356.

104. Friedman, A. S., Utada, A., & Morrissey, M. (1987). Families of adolescent drug abusers are "rigid": Are these families either "disengaged" or "enmeshed", or both? *Family Process*, 26, 131 – 148.

105. Fuhrman, T., & Hombeck, G. N. (1995). A contextual – moderator analysis of emotional autonomy and adjustment in adolescent. *Child Development*, 66, 793 – 811.

106. Glantz, M. D., Weinberg, N. Z., Miner, L. L., & Colliver, J. D. (1999). *The etiology of drug abuse: Mapping the paths.* In M. D. Glantz & C. R. Hartel (Eds.), *Drug abuse: Origins and interventions* (pp. 3 – 45). Washington, D. C.: American Psychological Press.

107. Glick, I. D., Berman, E. M., Clarkin, J. F., & Rait, D. S. (2000). *Marital and family therapy* (4th ed.). Washington, DC: American Psychiatric Press.

108. Glynn, T. J., & Haenlein, M. (1988). *Family theory and re-*

search on adolescent drug use: A review. In R. H. Coombs (Ed.), The family context of adolescent drug use (pp. 39 – 56). New York: Haworth Press.

109. Grotevant, H. D. , & Cooper, C. R. (1999). Patterns of inter-aGriffin, K. W. , Botvin, G. J. , Scheier, L. M. , Diaz, T. , & Miller, N. L. (2000). Parenting practices as predictors of substance abuse, delinquency, and aggression among urban minority youth: Moderating effects of family structure and gender. Psychology of Addictive Behaviors, 14, 174 – 184.

110. Grotevant, H. D. , & Cooper, C. R. (1999). Patterns of interaction in family relationships and the development of identity exploration in adolescence. In R. M. Lerner (Ed.), Adolescence: Development, Diversity, and Context (pp. 103 – 116). New York: Garland Publishing. (Reprinted from Child Development, 56, 415 – 428.)

111. Gonet, M. M. (1994). Counseling the adolescent substance abuser: School – based intervention and prevention. Thousand Oaks, C. A. : Sage.

112. Hamid, P. N. , Yue, X. D. , & Leung, C. M. (2003). Adolescent coping in different Chinese family environments. Adolescence, 38 (149), 111 – 130.

113. Harter, S. , Neimeyer, R. , & Alexander, P. (1989). Personal construction of family relationships: The relation of commonality and sociality to family satisfaction for parents and adolescents. *International Journal of Personal Construct Psychology*, 2, 123 – 142.

114. Hawkins, J. D. , Catalano, R. F. , Gillmore, M. R. , & Miller, J. Y. (1992). Risk and protective factors for alcohol and other drug problems in adolescence and early adulthood: Implications for substance abuser prevention. *Psychological Bulletin*, 112, 64 – 105.

115. Hawkins, J. D. , Lishner, D. M. , & Catalano, Jr. , R. F. (1985). Childhood predictors and the prevention of adolescent substance abuse. In C. L. Jones & R. J. Battjes (Eds.), *Etiology of drug abuse: Implications for prevention* (Research Monograph No. 50, pp. 1 – 14). Rockville, M. D. : National Institute on Drug Abuse.

116. Henggeler, S. W. , Borduin, C. M. , Melton, G. B. , Mann, B. J. , Smith, L. A. , Hall, J. A. , Cone, L. , & Fucci, B. R. (1991). Effects of multisystemic therapy on drug use and abuse in serious juvenile offenders: A progress report from two outcome studies. *Family Dynamics Addiction Quarterly*, 1, 40 – 51.

117. Ho, M. K. (1987) *Family therapy with ethnic minorities.* (Thousand

Oaks, C. A, Sage).

118. Ho, M. K., Rasheed, J. M., & Rasheed, M. N. (2004). *Family therapy with ethnic minorities.* Thousand Oaks, C. A.: Sage.

119. Hofer, M., Youniss, J., & Noack, P. (1998). Introduction. In M. Hofer, J. Youniss, & P. Noack (Eds.), *Verbal interaction and development in families with adolescents.* Connecticut: Ablex Publishing Corporation.

120. Hsu, J. (1995). Family therapy for the Chinese: Problems and strategies. In T. Y. Lin, W. S. Tseng, & E. K. Yeh. (Eds.), *Chinese societies and mental health* (pp. 295 – 307). Hong Kong: Oxford University Press.

121. Joanning, H., Quinn, W. H., Arrendondo, R., & Fischer, J. (1984). *Family therapy versus traditional therapy for drug abusers.* National Institute on Drug Abuse Grant # 501DA03733.

122. Jankowicz, D. (2004). *The easy guide to repertory grids.* West Sussex: John Wiley & Sons.

123. Joanning, H. (1992). Integrating cybernetics and constructivism into structural – Strategic family therapy for drug abusers. In E. Kaufman & P. Kaufmann (Eds.), *Family therapy of drug and alcohol abuse* (pp. 94 – 104). Boston: Allyn & Bacon.

124. Joanning, H. , Quinn, W. , Thomas, F. , & Mullen, R. (1992). Treating adolescent drug abuser: A comparison of family systems therapy, group therapy, and family drug education. *Journal of Marital and Family Therapy*, 18, 345 – 356.

125. Johnson, H. D. , LaVoie, J. C. , & Mahoney, M. (2001). Interparental conflict and family cohesion: Predictors of loneliness, social anxiety, and social avoidance in late adolescence. *Journal of Adolescent Research*. 16 (3), 304 – 318.

126. Jones, C. W. , & Lindblad-Goldberg, M. (2002). Ecosystemic Structural family therapy. In R. F. Kaslow (Eds.), *Comprehensive handbook of psychotherapy* (Vol. 3. pp. 3 – 33). New York: John Wiley & Sons.

127. Jung, M. (1984). Structural family therapy: Its application to Chinese families. *Family Process*, 23 (3), 365 – 374.

128. Kandel, D. B. (1996). The parental and peer contexts of adolescent deviance: An algebra of interpersonal influences. *Journal of Drug Issues*, 26 (2), 289 – 315.

129. Katz, L. F. , & Gottman, J. M. (1994). Patterns of marital interaction and children's emotional development. In R. D. Parke and S. G. Kellam (Eds.), *Exploring relationships with other social contexts* (pp. 49 – 74). Hillsdale, NJ: Lawrence Erlbaum.

130. Kaufman, E., & Kaufmann, P. (1979). From a psychodynamic to structural to integrated family treatment of chemical dependency. In E. Kaufman & P. Kaufmann (Eds.), *Family therapy of drug and alcohol abuse* (pp. 43 – 54). New York: Gardner Press.

131. Kaufman, E. & Kaufmann, P. (1992) *Family therapy of drug and alcohol abuse.* (Boston, Allyn & Bacon).

132. Kelly, G. A. (1955) The psychology of personal constructs. New York: Norton.

133. Kelly, J. F., Myers, M. G., & Brown, S. A. (2000). A multivariate process model of adolescent 12 – step attendance and substance use outcome following inpatient treatment. *Psychology of Addictive Behaviors*, 14 (4), 376 – 389.

134. Kirschenbaum, M., Leonoff, G., & Maliano, A. (1974). Characteristic patterns in drug abuse families. *Family Therapy*, 1, 43 – 62.

135. Klion, R. E., & Pfenninger, D. T. (1997). Personal construct psychotherapy of addicts. *Journal of Substance Abuse Treatment*, 14 (1), 37 – 43.

136. Knight, D. K., & Simpson, D. D. (1996). Influences of family and friends on client progress during drug abuse treatment. *Journal of Substance Abuse*, 8, 417 – 429.

137. Lai, A. C., Zhang, Z. X., & Wang, W. Z. (2000). Maternal

child – rearing practices in Hong Kong and Beijing Chinese families. *International Journal of Psychology*, 35 (5), 60 – 66.

138. Lai, K. W. , & McBride – Chang, C. (2001). Suicide ideation, parenting style, and family climate amongHong Kong adolescents. *International Journal of Psychology*, 36 (2), 81 – 87.

139. Lam, C. M. (1997). A cultural perspective on the study of Chinese adolescent development. *Child and Adolescent Social Work Journal*, 14 (2), 95 – 113.

140. Landfield, A. W. (1971). *Personal construct system in psychotherapy.* Chicago: Rand McNally & Company.

141. Larson, R. W. , Richards, M. H. , Moneta, G. , Holmbeck, G. , & Duckett, E. (1999). Changes in adolescents' daily interactions with their families from ages 10 to 18: Disengagement and transformation. In R. M. Lerner (Ed.), *Adolescence: Development, Diversity, and Context* (pp. 118 – 128). New York: Garland Publishing. (Reprinted from Developmental Psychology, 32 (4), 744 – 754.)

142. Latimer, W. W. , Winters, K. C. , D. ' Zurilla, T. , & Nichols, M. (2003). Integrated Family and Cognitive – Behavioral Therapy for adolescent substance abusers: A Stage I efficacy study. *Drug – and – Alcohol – Dependence*, 71 (3), 303 – 317.

143. Lau, S. , & Kwok, L. K. (2000). Relationship of family environment to adolescents' depression and self – concept. *Social Behavior and Personality*, 28 (1), 41 – 50.

144. Lawson, G. W. (1992). Twelve – step programs and the treatment of adolescent substance abuse. In G. W. Lawson & A. W. Lawson (Eds.), *Adolescent substance abuse: Etiology, treatment and prevention* (pp. 219 – 230). Gaithersburg, Maryland: Aspen.

145. Leung, L. C. (1998) *Lone mothers, social security and the family in Hong Kong.* (Aldershot, England, Ashgate).

146. Leung, P. W. L. , & Lee, P. W. H. (1996). Psychotherapy with the Chinese. In M. H. Bond (Eds.), *The handbook of Chinese psychology* (pp. 441 – 456). Hong Kong: Oxford University Press.

147. Lewis, C. S. (1991). The effects of parental firm control: A reinterpretation of findings. *Psychological Bulletin*, 90 (3), 547 – 563.

148. Lewis, J. M. , Gossett, J. T. , Housson, M. M. , & Owen, M. T. (1999). *Timberlawn couple and family evaluation scales.* Dallas: Timberlawn Psychiatric Research Foundation.

149. Lewis, R. A. , Piercy, F. P. , Sprenkle, D. H. , & Trepper, T. S. (1991). The Purdue brief family model for adolescent sub-

stance abusers. In T. Todd & M. Selekman (Eds.) , *Family therapy with adolescent substance abusers* (pp. 29 – 48). Boston: Allyn & Bacon.

150. Li, S. H. (Eds.). (1999, Spring). The Chairperson's Reports. In*Family Therapy Forum*, p. 4.

151. Li, S. L. (1991) The evolution of the family and extended family system in Hong Kong: A retrospective and prospective view in: J. Jiao (Ed.) *Chinese families and their developments*, pp. 129 – 143 (Hong Kong, Chinese University of Hong Kong).

152. Liddle, H. A. , Dakof, G. , Parker, K. , & Diamond, G. (1991, August). Anatomy of a clinical research project. Paper presented at the *American Psychological Association meeting*, San Francisco.

153. Liddle, H. A. , & Dakof, G. A. (1995a). Efficacy of family therapy for drug abuse: Promising but not definitive. *Journal of Marital and Family Therapy*, 21, 511 – 544.

154. Liddle, H. A. & Dakof, G. A. (1995b) Family based treatment for adolescent drug use: State of the science in: E. Rahdert & D. Czechowicz (Eds.) *Adolescent drug abuse: Clinical assessment and therapeutic interventions* (NIDA Research Monograph No. 156, NIH Publication No. 95 – 3908, pp. 218 – 254) (Rockville,

M. D， National Institute on Drug Abuse）.

155. Liddle， H. A.， Dakof， G. A.， Parker， K.， Diamond， G. S.，
& Barrett， K. (2001). Multidimensional family therapy for adoles-
cent drug abuse： Results of a randomised clinical trial. *American
Journal of Drug and Alcohol Abuse*， 27 (4)， 651 – 688.

156. Lloyd， C. (1998). Risk factors for problem drug use： Identif-
ying vulnerable groups. *Drugs： Education， Prevention and Policy*， 5
(3)， 217 – 232.

157. Lochman， J. E.， & Van den Steenhoven， A. (2002). Family –
based approaches to substance abuse prevention. *Journal of Primary
Prevention*， 23 (1)， 49 – 114.

158. Luepnitz， D. A. (2002). *The family interpreted： Psychoanalysis，
feminism， and family therapy* (2nd ed.). New York： Basic Books.

159. Ma， L. C.， Lau， Y. K.， & Chan， Y. K. (2002). Feminist's
view of roles of Hong Kong women in family in the 21st century
and its implications for family social work practice. Paper presented
in the 2002 *Conference in Social Welfare Development of the Mainland，
Hong Kong， Macau and Taiwan on October* 27 – 28， 2002 *in Hong
Kong.* 422 – 433. Taiwan： Chinese Culture and Social Welfare
Fund (In Chinese).

160. Ma， L. C. J.， Chow， Y. M. M.， Lee， S.， & Lai， K.

(2002). Family meaning of self – starvation: Themes discerned in family treatment in Hong Kong. *Journal – of – Family – Therapy*, 24 (1), 57 – 71.

161. Malekoff, A. (1997). *Group work with adolescents: Principles and practice*. New York: Guilford.

162. Margolin, G. (1988). Marital conflict is not marital conflict. In R. DeV. Peters and R. J. MacMahon (Eds.), *Social learning and systems approaches to marriage and the family* (pp. 193 – 216). New York: Brunner/Mazel.

163. Margolis, R., Kilpatrick, A., & Mooney, B. (2000). A retrospective look at long – term adolescent recovery: Clinicians talk to researchers. *Journal of Psychoactive Drugs*, 32 (1), 117 – 125.

164. Marlatt, G. A., & Gordon, J. R. (1980). Determinants of relapse: Implications for the maintenance of behavior change. In P. O. Davidson & S. M. Davidson (Eds.), *Behavioral medicine: Changing health lifestyles* (pp. 410 – 452). New York: Brunner/Mazel.

165. Marta, E. (1997). Parent – adolescent interactions and psychosocial risk in adolescents: An analysis of communication, support and gender. *Journal of Adolescence*, 20, 473 – 487.

166. Mason, P. (1958). The mother of the addict. *Psychiatric Quarter-*

ly, 32, 189 – 199.

167. McBridge – Chang, C. , & Chang, L. (1998). Adolescent – parent relations in Hong Kong: Parenting styles, emotional autonomy, and school achievement. *The Journal of Genetic Psychology*, 159 (4), 421 – 436.

168. McKay, J. R. , Murphy, R. T. , Rivinus, T. R. , & Maisto, S. A. (1991). Family dysfunction and alcohol and drug use in adolescent psychiatric inpatients. *Journal of the American Academy of Child and Adolescent Psychiatry*, 30 (6), 967 – 972.

169. Miller, M. A. Alberts, J. K. Hecht, M. L. Trost, M. R. & Krizek, R. L. (2000) *Adolescent relationships and drug abuse* (Mahwah, Lawrence Erlbaum Associates).

170. Minuchin, S. (1974). *Families and family therapy*. Cambridge, MA: Harvard University Press.

171. Minuchin, S. , & Fishman, H. C. (1981). *Family therapy techniques.* Cambridge, MA: Harvard University Press.

172. Minuchin, S. Lee, W. Y. & Simon, G. M. (1996) *Mastering family therapy: Journeys of growth and transformation* (New York, John Wiley & Sons).

173. Minuchin, S. & Nichols, M. P. (1993) *Family healing: Tales of hope and renewal from family therapy* (New York, The Free Press).

174. Minuchin, S. Nichols, M. P. & Lee, W. Y. (2007). *Assessing families and couples: From symptom to system.* (Boston, Allyn & Bacon).

175. Mok - Chan, W. Y. (2000). *Family and peer variables - risks for and protection against adolescent substance abuse.* Unpublished doctoral dissertation, The University of Hong Kong, Hong Kong SAR.

176. Mounts, N. S. , & Steinberg, L. (1995). An ecological analysis of peer influence on adolescent grade point average and drug use. *Developmental Psychology*, 65 (3), 754 - 770.

177. Narcotics Division. (2002). *Three - year plan on drug treatment and rehabilitation services in Hong Kong* (2003 - 2005). Hong Kong: Government Secretariat, Hong Kong Special Administrative Region of China.

178. Newman, B. A. , & Murray, C. I. (1983). Identity and family relations in early adolescence. *Journal of early adolescence*, 3, 293 - 303.

179. Ng, H. Y. (2002). Drug Use and Self - Organization: A Personal Construct Study of Religious Conversion in Drug Rehabilitation. *Journal of Constructivist Psychology*, 15 (4), 263 - 278.

180. Nichols, M. P. (2010). *The Essentials of Family Therapy.* Boston, Mass. : Pearson.

181. Nichols, M. P. , & Minuchin, S. (1999). Short - term structural

family therapy with couples. In J. M. Donvan (Eds.), *Short – term couple therapy* (pp. 124 – 143). New York: Guilford Press.

182. Nichols, M. P., & Fellenberg, S. (2000). The effective use of enactments in family therapy: A discovery – oriented process study. *Journal of Marital and Family Therapy*, 26 (2), 143 – 152.

183. Nichols, M. P., & Schwartz, R. C. (2004). *Family therapy: Concepts and methods* (6th ed.). Boston: Allyn & Bacon.

184. Noller, P., & Callan, V. (1991). *The adolescent in the family*. London and New York: Routledge.

185. Norem – Hebeisen, A., Johnson, D. W., Anderson, d., & Johnson, R. (1984). Predictors and concomitants of changes in drug use patterns among teenagers. *Journal of Social Psychology*, 124, 43 – 50. Kaufman, 1981.

186. Norris, H., & Makhlouf – Norris, F. (1976). The measurement of self – identity. In P. Slater (Eds.), *The measurement of intrapersonal space by grid technique* (Vol 1), *Explorations of intrapersonal space* (pp. 79 – 82). London: Wiley.

187. Pettit, G. S., Laird, R. D., Dodge, K. A., Bates, J. E., & Criss, M. M. (2001). Antecedents and behavior – problem outcomes of parental monitoring and psychological control in early adolescence. *Child Development*, 72, 583 – 598.

188. Pfeffer, A. Z. , Friedland, P. , & Wortis, S. B. (1949). Group psychotherapy with alcoholics. *Quarterly Journal of Studies on Alcohol*, 10, 198 – 216.

189. Phillips, M. R. , & Xiong, W. (1995). Expressed emotion in MainlandChina: Chinese families with schizophrenic patients. *International Journal of Mental Health*, 24 (3), 54 – 75.

190. Piercy, F. P. , Volk, R. J. , Trepper, T. , Sprenkle, D. H. , & Lewis, R. (1991). The relationship of family factors to patterns of adolescent substance abuse. *Family Dynamics of Addiction Quarterly*, 1, 41 – 54.

191. Pithouse, A. Lindsell, S. & Cheung, M. (1998) *Family support and family service* (Aldershot, England, Ashgate).

192. Pocock, D. (2006) Six things worth understanding about psychoanalytic psychotherapy, *Journal of Family Therapy*, 28, 352 – 369.

193. Pooley, J. (2003). Keeping families in mind. In A. Ward, K. Kasinski, J. Pooley, & A. Worthington (Eds.), *Therapeutic communities for children and young people* (pp. 187 – 199). London: Jessica Kingsley.

194. Procter, H. (1985). A construct approach to family therapy and systems interventions. In E. Button (Ed.). *Personal construct theory and mental health* (pp. 327 – 350). London: Croom Helm.

195. Procter，H. G. (1996). The family construct system. In D. Kalekin – Fishman & B. M. Walker （Eds.），*The construction of group realities* （pp. 161 – 181). Florida：Krieger.

196. Quatman，T. (1997) High – functioning families：Developing a prototype. *Family Therapy*，24，143 – 165.

197. Quinn，W. H. (1996). The role of family – treatment approaches in adolescent substance abuse. In*Hatherleigh guide to marriage and family therapy* （Vol. 6，pp. 99 – 116). New York：Hatherleigh Press.

198. Reilly，D. M. (1992). Drug – abusing families：Intrafamilial dynamics and brief triphasic treatment. In E. Kaufman & P. Kaufmann （Eds.），*Family therapy of drug and alcohol abuse* （pp. 105 – 119). Boston：Allyn & Bacon.

199. Richardson，C. (2003). The contribution of systemic thinking and practice. In A. Ward，K. Kasinski，J. Pooley，& A. Worthington （Eds.），*Therapeutic communities for children and young people* （pp. 99 – 114). London：Jessica Kingsley.

200. Ross，G. R. (1994). *Treating adolescent substance abuse.* Boston：Allyn & Bacon.

201. Rowe，C. L.，& Liddle，H. A. （2003）. Substance abuse. *Journal of Marital and Family Therapy*，29 （1），97 – 120.

202. Rowe, C. L., Liddle, H. A., McClintic, K., & Quille, T. J. (2002). Integrative treatment development: Multidimensional family therapy for adolescent drug abuse. In F. W. Kaslow & J. Lebow (Eds.), *Comprehensive handbook of psychotherapy: Integrative /eclectic* (Vol. 4, pp. 133 – 161). New York: John Wiley & Sons.

203. Sabatelli, R. M., & Anderson, S. A. (1991). Family system dynamics, peer relationships, and adolescents' psychological adjustment. *Family Relations*, 40, 363 – 369.

204. Sanders, M. R. (2000). Community – based parenting and family support interventions and the prevention of drug abuse. *Addictive Behaviors*, 25, 929 – 942.

205. Schmidt, S. E., Liddle, H. A., & Dakof, G. A. (1996). Changes in parenting practices and adolescent drug abuse during multidimensional family therapy. *Journal of Family Psychology*, 10, 12 – 27.

206. Selekman, M. D., & Todd, T. C. (1991). Crucial issues in the treatment of adolescent substance abusers and their families. In T. C. Todd, & M. D. Selekman (Eds.), *Family therapy approaches with adolescent substance abusers* (pp. 3 – 28). Boston: Allyn & Bacon.

207. Shek, D. T. L. (1986). The Purpose in Life Questionnaire in a Chinese Context: Some psychometric and normative data. *Chinese Journal of Psychology*, 28 (1), 51 – 60.

208. Shek, D. T. L. (1995) Chinese adolescents' perceptions of parenting styles of fathers and mothers. *Journal of Genetic Psychology*, 156, pp. 175 – 190.

209. Shek, D. T. L. (1997) Family environment and adolescent psychological well – being, school adjustment, and problem behavior: A pioneer study in a Chinese context. *Journal of Genetic Psychology*, 158 (1), 113 – 128.

210. Shek, D. T. L. (1998) A longitudinal study of the relations of family factors to adolescent psychological symptoms, coping resources, school behavior and substance abuse. *International Journal of Adolescent Medicine and Health*, 10 (3), 155 – 184.

211. Shek, D. T. L. (1999). Paternal and maternal influences on the psychological well – being of Chinese adolescents. *Genetic. Social & General Psychology Monographs*, 125 (3), 269 – 296.

212. Shek, D. T. L. (1999) Perceptions of family functioning among Chinese parents and their adolescent children. *The American Journal of Family Therapy*, 27, 303 – 314.

213. Shek, D. T. L. (2000a) Differences between fathers and mothers in

the treatment of, and relationship with, their teenage children: Perception of Chinese adolescents. *Adolescence*, 35 (137), 135 – 146.

214. Shek, D. T. L. (2000) Parental marital quality and well – being, parent – child relationship quality, and Chinese – adolescent adjustment. *American Journal of Family Therapy*, 28 (2), 147 – 162.

215. Shek, D. T. L. (2002) Family functioning and psychological well – being, school adjustment, and problem behavior in Chinese adolescents with and without economic disadvantage. *Journal of Genetic Psychology*, 163 (4), 497 – 502.

216. Shek, D. T. L. (2003) Family functioning and psychological well – being, school adjustment, and substance abuse in Chinese adolescents: Are findings based on multiple studies consistent? in S. P. Shovou (Ed.). *Advances in psychology research*, Vol. 20, pp. 163 – 184 (NY, Nova Science).

217. Sheppard, M. A., Wright, D., & Goodstadt, M. S. (1985). Peer pressure and drug use – exploding the myth. *Adolescence*, 20, 949 – 958.

218. Sherman, C. (2011). Multidimensional Family Therapy for Adolescent Drug Abuse Offers Broad, Lasting Benefits. *NIDA Notes*, 23 (3), 13 – 15.

219. Sim, T. (2004). *The dynamics of family relationship in adolescent*

drug rehabilitation. Unpublished doctoral dissertation, The University of Hong Kong, Hong Kong SAR.

220. Simkin, D. R. (1996). Twelve – step treatment from a development perspective. *Child and Adolescent Psychiatric Clinics of North America*, 5 (1), 165 – 175.

221. Smart, L. S., Chibucos, T. R., & Didier, L. A. (1990). Adolescent substance use and perceived family functioning. *Journal of Family Issues*, 11 (2), 208 – 227.

222. Springer, D. W., & Orsbon, S. H. (2002). Families helping families: Implementing a multifamily therapy group with substance – abusing adolescents. *Health and Social Work*, 27 (3), 204 – 207.

223. Sroufe, L. A., & Fleeson, J. (1988). The coherence of family relationships. In R. Hinde & J. S. Hinde (Eds.), *Relationships within families: Mutual influences* (pp. 27 – 47). New York: Oxford University Press.

224. Stanton, M. D. & Todd, T. C. (1982) *The family therapy of drug abuse and addiction* (New York, Guilford Press).

225. Stanton, M. D. & Todd, T. C. (1992) Structural – Strategic family therapy with drug addicts in E. Kaufman & P. Kaufmann (Eds.) *Family therapy of drug and alcohol abuse*, pp. 46 – 62 (Boston, Allyn & Bacon).

226. Stanton, M. D. , & Shadish, W. R. (1997). Outcome, attrition, and family – couples treatment for drug abuse: A meta – analysis and review of controlled, comparative studies. *Psychological Bulletin*, 122 (2), 170 – 191.

227. Steinberg, L. , Darling, N. E. , Fletcher, A. C. , Brown, B. B. , & Dornbusch, S. F. (1995). Authoritative parenting and adolescent adjustment: An ecological journey. In P. Moen, G. H. Elder, Jr. , and K. Luscher (Eds.), *Examining lives in context* (pp. 423 – 466). Washington, D. C. : American Psychological Association.

228. Steinberg, L. , Fletcher, A. , & Darling, N. (1994). Parental monitoring and peer influences on adolescent substance use. *Pediatrics*, 93 (6), 1060 – 1064.

229. Steinberg, L. , Mounts, N. S. , Lamborn, S. D. , & Dornbusch, S. M. (1999). Authoritative parenting and adolescent adjustment across varied ecological niches. In R. M. Lerner (Ed.), *Adolescence: Development, Diversity, and Context* (pp. 129 – 146). New York: Garland Publishing. (Reprinted from Journal of Research on Adolescence, 1 (1), 19 – 36.)

230. Stewart, S. M. , Bond, M. H. , Kennard, B. D. , Ho, L. M. , & Zaman, R. M. (2002). Does the Chinese construct of guan export

to the West? *International Journal of Psychology*, 37 (2), 74 – 82.

231. Stewart, M. A. , & Brown, S. A. (1993). Family functioning following adolescent substance abuse treatment. *Journal of Substance Abuse*, 5, 327 – 339.

232. Stewart, S. M. , Rao, N. , Bond, M. H. , McBride – Change, C. , Fielding, R. , & Kennard, B. (1998). Chinese dimensions of parenting: Broadening western predictors and outcomes. *International Journal of Psychology*, 33, 345 – 358.

233. Stewart, S. M. , Byrne, B. M. , Lee, P. W. H. , Ho, L. M. , Kennard, B. D. , Hughes, C. , & Emslie, G. (2003). Personal versus interpersonal contributions to depressive symptoms amongHong Kong adolescents. *International Journal of Psychology*, 38 (3), 160 – 169.

234. Sun, L. K. (1991). Contemporary Chinese culture: Structure and emotionality. *Australian Journal of Chinese Affairs*, 26, 1 – 41.

235. Swadi, H. (1999). Individual risk factors for adolescent substance use. *Drug and Alcohol Dependence*, 55 (3), 209 – 224.

236. Thomas, B. , & Hsiu, L. T. (1993). The role of selected risk factors in predicting adolescent drug use and its adverse consequences. *International Journal of the Addictions*, 28, 1549.

237. Tobin, J. J. , Wu, D. Y. H. , & Davidson, D. H. (1989).

Preschool in three cultures. New Haven, CT: Yale University Press.

238. Todd, T. C. , & Selekman, M. D. (1991). Beyond Structural – Strategic Family Therapy: Integrating other brief systemic therapies. In T. Todd & M. Selekman (Eds.), *Family therapy with adolescent substance abusers* (pp. 241 – 274). Boston: Allyn & Bacon.

239. Tousignant, M. , Bastien, M. F. , & Hamel, S. (1993). Suicide attempts and ideation among adolescents and young adults: The contribution of father's and mother's care and of parental separation. *Social Psychiatry and Psychiatric Epidemiology*, 28, 256 – 261.

240. Vaillant, G. E. (1966). A 12 – year follow – up ofNew York narcotic addicts: Some social and psychiatric characteristics. *Archives of General Psychiatry*, 15, 599 – 609.

241. Vakalahi, H. F. , Harrison, R. S. , & Janzen, F. V. (2000). The influence of family – based risk and protective factors on adolescent substance use. *Journal of Family Social Work*, 4 (1), 21 – 34.

242. Vicary, J. R. , & Lerner, J. V. (1986). Parental attributes and adolescent drug use. *Journal of Adolescence*, 9, 115 – 122.

243. Viney, L. L. , Westbrook, M. T. , &Preston, C. (1985). The addiction experience as a function of the addict's history. *British Journal of Clinical Psychology*, 24, 73 – 82.

244. Waldron, H. B. , & Slesnick, N. (1998). Treating the family. In W. R. Miller & N. Heather (Eds.), *Treating addictive behaviors* (pp. 271 – 283). New York: Plenum Press.

245. Walitzer, K. S. (1999). Family therapy. In P. J. Ott, R. E. Tarter. , & R. T. Ammerman (Eds.), *Sourcebook on substance abuse: Etiology, epidemiology, assessment, and treatment* (pp. 337 – 349). Boston: Allyn & Bacon.

246. Weidman, A. A. (1992). Family therapy and the therapeutic community: The chemically dependent adolescent. In B. C. Wallace (Eds.), *The chemically dependent: Phases of treatment and recovery* (pp. 263 – 286). New York: Brunner/Mazel publishers.

247. Wills, T. A. , Resko, J. A. , Ainette, M. G. , & Mendoza, D. (2004). Role of parent support and peer support in adolescent substance use: A test of mediated effects. *Psychology of Addictive Behaviors*, 18 (2), 122 – 134.

248. Winters, K. C. Anderson, N. Bengston, P. Stinchfield, R. D. & Latimer, W. W. (2000a) Development of a parent questionnaire for use in assessing adolescent drug abuse. *Journal of Psychoactive Drugs*, 32, 3 – 13.

249. Winters, K. C. Stinchfield, R. D. Opland, E. Weller, C. Latimer, W. W. (2000b). The effectiveness of the Minnesota Model approach

in the treatment of adolescent drug abusers, *Addiction*, 95 (4),
601 –612.

250. Wong, L. Y. J. (1994). "I don't want to come home!" An application of family therapy in the case of a runaway adolescent. In N. Rhind (Eds.), *Empowering families: A collection of concepts and methods* (pp. 47 –63). Hong Kong: Hong Kong Family Welfare Society.

251. Wright, J. C. (1990). Family systems theory and adolescent substance abuse: A proposal for expanding the role of the school. Journal of Adolescent Chemical Dependency, 1 (2), 57 –76.

252. Wong, D. F. K., & Poon, W. L. (2002). Factors influencing expressed emotion found between Chinese caregivers and their relatives with schizophrenia in Hong Kong: A qualitative analysis. *Social Work in Mental Health*, 1 (2), 61 –81.

253. Xia, Y. R., Xie, X. L., Zhou, Z., DeFrain, J., Meredith, W. H., & Combs, R. (2004). Chinese adolescents' decision – making, parent – adolescent communication and relationships. *Marriage and Family Review*, 36 (1/2), 119 –145.

254. Yang, K. H. (1993). Chinese social orientation: An integrative analysis. In L. Y. Cheng, F. Cheung & C. N. Chen (Eds.), *Psy-

chotherapy for the Chinese (pp. 19 – 56). Hong Kong: Department of Psychiatry, Chinese University of Hong Kong.

255. Yau, J. & Smetana, G. (1996) Adolescent – parent conflict among Chinese adolescents in Hong Kong, *Child Development*, 67, 1262 – 1275.

256. Yip, Y. W. A. (1994). "My worth, my life…" A structural model of family – school intervention in adolescent suicide. In N. Rhind (Eds.), *Empowering families: A collection of concepts and methods* (pp. 30 – 46). Hong Kong: Hong Kong Family Welfare Society.

图书在版编目（CIP）数据

中国青少年吸毒与家庭治疗／沈文伟著．—北京：社会科学
文献出版社，2014.5
（社工理论与实践）
ISBN 978 - 7 - 5097 - 5614 - 0

Ⅰ．①中…　Ⅱ．①沈…　Ⅲ．①青少年 - 吸毒 - 研究 - 中国
②青少年 - 戒毒 - 家庭教育 - 研究 - 中国　Ⅳ．①D669.8

中国版本图书馆 CIP 数据核字（2014）第 017144 号

·社工理论与实践·
中国青少年吸毒与家庭治疗

著　　者／沈文伟

出 版 人／谢寿光
出 版 者／社会科学文献出版社
地　　址／北京市西城区北三环中路甲 29 号院 3 号楼华龙大厦
邮政编码／100029

责任部门／经济与管理出版中心（010）59367226　　　责任编辑／高　雁　盛爱珍
电子信箱／caijingbu@ ssap. cn　　　　　　　　　　　责任校对／张兰春
项目统筹／恽　薇　高　雁　　　　　　　　　　　　　责任印制／岳　阳
经　　销／社会科学文献出版社市场营销中心（010）59367081　59367089
读者服务／读者服务中心（010）59367028

印　　装／三河市尚艺印装有限公司
开　　本／787mm×1092mm　1/16　　　　　　　　　印　张／11
版　　次／2014 年 5 月第 1 版　　　　　　　　　　　字　数／108 千字
印　　次／2014 年 5 月第 1 次印刷
书　　号／ISBN 978 - 7 - 5097 - 5614 - 0
定　　价／45.00 元